1

Marie

erotische Geschichten

- mösenfeucht bis schwanzsteif -

by Marie van Huellen

Inhaltsverzeichnis

6

"…Aber, wenn du in deiner Angst nur die Ruhe und die Lust der Liebe suchst, dann ist es besser für dich, deine Nacktheit zu bedecken und vom Dreschboden der Liebe zu gehen…"

(aus 'Der Prophet' von Khalil Gibran)

Mariechen

Mariechen war ein gut gebautes, süßes Mädchen mit blauen Augen, die wie kleine Sterne vom Himmel funkelten und die Menschen verzückten. Wenn sie in ihren Kinderwagen schauten, erblickten sie blaue Saphire wie sie in der Natur nicht schöner hätten vorkommen können. All das beeindruckte Mariechen nicht. Die Mutter brachte sie täglich in den Kindergarten, ihr Kind, welches die schönsten Kleidchen trug, roséfarbene, zartgrüne, gelbe, die mit und ohne Volants. Die fleißige Frau hatte sie des Nachts auf der Maschine genäht. Mariechen, ihr ganzer Stolz. Mit den kräftigen Beinchen, dem kurzen Röckchen, dem weißen Rüschchenhöschen lief sie neben der Mutter her, hatte ihren Teddy im Arm und lutschte am Daumen. Die langen mit bunten Schleifen versehenen Zöpfe wippten auf ihrer Schulter. Gestern Nachmittag hatte es eine Kinderparty gegeben, Mariechens Geburtstag, fünf Kerzen hatten auf der Gummibärchen-Torte geleuchtet, bald war es soweit, der erste Schultag war angesagt. Fredi, Ernst, Marianne und die Zwillinge waren gekommen, die Kinder, mit denen es der süße Fratz zu tun hatte. Ihr täglicher Gang führten Mutter und Töchterchen an einem Spielzeugladen vorbei und wie immer drückte Mariechen ihr Stubsnäschen an die Fensterscheibe und war fasziniert von dem Spielzeug, den Puppen, den schönen Kleidern, die sie trugen, die kleinen Hüte, welche ihre Haare schmückten, die Ballerinas, mit denen sie elfengleich durch die Räume tanzten wie in ihrem Puppenhaus, welches ihr die Eltern zu Weihnachten geschenkt hatten. Ein Haus, eine Villa, zwei Wohnzimmer, ein Esszimmer, Küche und Bad und up on the top ein Dachgarten mit kleinen Blumenkübeln, Wildröschen und Ziersträuchern.

Mariechens Puppenhaus, indem sie, wenn es dunkel wurde, das Licht anknipste, damit ihre Puppenkinder nicht im Dunkeln durchs Haus liefen und auch im Bad war es so wie es sein sollte. Wasser lief aus dem kleinen Hahn in die Wanne, wie im wirklichen Leben, wie in Mariechens schöner Kinderwelt. Puppen hatte sie vier an der Zahl, die zog sie an und um wie es en vogue war, mal war die Garderobe festlich, mal für den täglichen Gebrauch, für Haus und Hof. So wie die Mutter sie Tag für Tag anzog, so kleidete sie ihre Puppen, das hatte sie bei der Frau gelernt. So verwunderte es keinen, dass Mariechen passend zu jedem Anlass daher kam wie eine kleine Prinzessin und selbst für die Nacht war sie festlich geschmückt. Babydolls in Pastelltönen, die für den Sommer und die für den Winter. Wenn es nach den Wünschen der Mutter gehen würde, sollte Mariechen mal, große Pläne hatte sie mit ihr vor. Im Hause der Leys war denn auch alles so wie es in einer heilen Welt zu finden ist, der gute Vater, die vielen netten Leute, die die Leys kannten, das schöne Haus, der gepflegte Garten, rund um eine Atmosphäre, die aus einem Mariechen eine Marie, eine Frau mit Charakterstärke und Willen hervorbringen würde. Die Zeit würde es zeigen, an den Tag bringen, wäre nicht eines Tages, der unheilvollste Tag im Leben der Familie gekommen, bis dahin vergingen noch Jahre, viele viele Jahre. Entscheidende Jahre für die Entwicklung des Kindes, die jetzt in ihrer Kinderwelt lebte, traumhaft und seinesgleichen suchend. Und auch Mutter Ley, die Frau, die ihr Heil stets in Gotteshäusern suchte, ihren Mann über alles liebte, jetzt mit Mariechen war die Familie perfekt. Ein Kind, das gehörte dazu wie die Luft zum Atmen. Noch ahnte sie nicht wie sich alles verändern würde, wenn der Tag gekommen war, wie sollte sie auch. Endlich waren sie an der von Mariechen heiß ersehnten Ecke angekommen, da wo der Spielzeugladen war und das Kind wie jeden Tag stehenblieb, schaute und guckte. Sie ließ die Mutter wissen, die Puppe mit dem roten Kleid, die sei es, die mit den dunklen Haaren, die wolle sie haben. Die Mutter seufzte dann, ihr Kind hatte viele Wünsche und war alles in allem ein verwöhntes Etwas, dem die Eltern schlecht widerstehen konnten. Besonders der Vater, der liebte seine Marie, natürlich und brav wie es sich für einen guten Vater gehört. Die Mutter war anders, die sah ihre Marie, das kleine Wesen, welches sie formen und gestalten würde in ihrem Sinne wie sie es sich vorstellte. Früh aber lernte das Kind, sich durchzusetzen, dann wenn morgens um halb sieben in der Früh der Gang in die Kirche angesagt war, ohne Frühstück. Das Kind, es sollte und es sollte, es sollte lernen und beten, eine gute Hausfrau und Mutter werden, im Sinn von Frau Ley. Die alten Leys würden im Haus unten wohnen und Mariechen mit ihrem Zukünftigen in der oberen Etage, denn das Haus, es konnte ausgebaut werden, zum Garten hin war genügend Platz. Die Gedanken der Frau, die jetzt dabei war, ihren gehüteten Schatz in den Kindergarten zu bringen. Endlich waren sie angekommen. Die Mutter übergab das Kind der Schwester, drückte ihm einen Kuss auf die Wange und war auf und davon. "Sei schön brav", waren ihre letzten Worte. Mit dem rosa Täschchen, dem Brötchen und der Banane lief Mariechen zu den Kindern. Für den Hunger war gesorgt und die dicke Milch, die um zwölf getrunken wurde, tat ihr Übriges. Fredi und Ernst waren die beiden Freunde, ihre Beschützer, mit denen sie es zu tun hatte. In jungen Jahren hatte sie beschlossen, dass sie Ernst eines Tages heiraten wollte und hatte gefragt: "Willst Du auch?" Mit einem schlichten "Ja", hatte er geantwortet. Die Sache war geklärt, das Andere würde das Leben zeigen. "Fredi, heute spielen wir Mutter und Kind und Du gehst jetzt mal einkaufen." Der treue Freund tat wie ihm gesagt und dazu schien die Sonne in den sommerlichen

Garten der Leys. Hinten in der Ecke, da wo Mariechens Sandkasten war, da wo sie die Kinder von nebenan hörte, die Marianne, den Willy, den Karlheinz, mit denen wollte sie spielen wie Kinder sind. Mutter Ley, die mit allen und jedem so und überhaupt und auch mit den Nachbarn war's nicht anders. Eine dicke Bambusmatte sollte ihre heile Welt schützen, in die Mariechen mit ihren Fingerchen ein kleines Loch gemacht hatte und so das Treiben im nachbarlichen Garten beobachten konnte. Und wenn es denn soweit war und es sie im Heimischen nicht mehr hielt, stieg sie über den Zaun, die Mutter, die würde rufen und die hörte sie ja: "Maria", hieß es dann, "wo bist Du wieder?, Komm sofort in die Küche, wasch die Hände, wir wollen Abendbrot essen, der Papi kommt gleich." Das brave Kind, es kletterte über den Zaun und tat wie ihm gesagt.

Gleich war es wieder soweit, die Uhr zeigte nach vier, die Kinder standen am Zaun, schauten erwartungsvoll und warteten darauf, dass die Mutter kam und auch Mariechens Mutter war wieder erschienen, die ihr Kind täglich mit den Worten: "Warst Du auch brav?" in ihre Arme schloss. Der Heimweg war angetreten, ein für kleine Beinchen langer Weg, der und besonders gegen Abend nicht enden wollte und Mariechen sagen ließ: "Ich bin müde, Du sollst mich tragen, der Papi macht das auch immer." Das war für Frau Ley denn nun doch zuviel, ihr Kind, bald war der erste Schultag, sie war doch schon und sie musste lernen, dass das Leben und wenn einer pfiff die andern tanzten, sie musste lernen, dass das Leben kein Wunschkonzert ist. Und überhaupt Mariechen war schon ein großes Mädchen. Im Kindergarten traf Mariechen auf Kindern mit dünner und langer Figur, Kinder, die eher klein und rundlich waren und sie war eine von denen, die im Maß der Mitte lag, nicht zu dünn, nicht zu dick eher stämmig und rundlich. Täglich wurde zu Beginn eines neuen Tags mit den Nonnen des Hauses gebetet, alle versammelten sich in dem großen Raum und sprachen "Die Nacht ist vorbei, der Tag hat begonnen, wir alle sind brav und mein Schutzengel ist gekommen!" Nachdem dieses morgendliche Zeremoniell vorbei war, öffneten die frommen Frauen die Türen des kleinen Saals und die Kinder flogen hinaus wie zwitschernde Vögelchen, hinaus in die Welt, in den großen Garten, in dem es Schaukeln, eine Rutsche, ein Sandkasten mit Schaufeln und Förmchen gab, das was ein Kinderherz erfreut. Das war der Moment, wenn es laut wurde, jeder wollte auf der Schaukel sitzen, auf der Wippe. Jetzt war das pädagogische Geschick der Aufsichtsperson gefragt und nicht selten saß Mariechen auf der Schaukel und behauptete sich lautstark. Das Persönchen, die nicht immer tat wie ihr geheißen, auf Fotos war's zu sehen wie sie da stand mit der Puppe im Arm, die irgendwie und überhaupt, mit der das würde mal was. Und auch der Onkel Hans hatte gesagt: "Die Marie, die ist   anders." Der musste es wissen, denn der hatte mit Kindern zu tun. Sie hatte es geschafft, den Kampf um die Schaukel hatte sie gewonnen. Sie schaukelte hin und her, ihr Röckchen flog im Wind, mal rauf, mal runter, mal oben, mal unten, der kurze Moment, hier oben das Gefühl der Freiheit, welches sie ahnen ließ welche Bedeutung der hat. Um das verstehen zu können, würden viele Jahre ins Land gehen, die Zeit würde es zeigen wie sie alles zeigte, mal so, mal so. Die Leute, die vorüber kamen, manche standen am Zaun des großen Gartens, erfreuten sich am Spiel der Kinder, andere eilten vorüber, sie hatten zu tun. Es war Frühsommer, die Sonne schien vom wolkenlosen, Himmel, ließ die heile Kinderwelt leuchten, aber wer wusste schon, wie der Weg eines jeden Kindes sein wird. Nicht nur die Frauen und Mütter hatten ihre Freude am bunten Treiben der Kinder auch standen so

14

dann und wann Väter am grünen Zaun des Gartens schauten und erfreuten sich des Anblicks. Schwester Birgitta kam, sie klatschte in die Händen und rief: "Kommt Kinder, kommt!" Sie sollten reinkommen, ihr zweites Frühstück zu sich nehmen, die Milch, den Kakao trinken. Sie liefen und flogen wie kleine Spätzchen ins Haus, um die von ihren Müttern eingepackten Brote zu essen. Schon ging es wieder hinaus und immer noch stand der Mann am Zaun, um nach den Kindern zu schauen. Er wohnte in der Nähe und sein täglicher Weg führte am Kindergarten vorbei. Er war einsam und erfreute sich an den Kleinen. Eine der Schwestern hatte ihn schon gesehen und sie sagte sich, 'das ist er, der Mann, der täglich da steht'. Sie wollte die Sache im Auge behalten. Plötzlich hörte sie aus einer Ecke großes Geschrei, zwei Mädchen stritten um eine Puppe, sie zogen sich an den Zöpfen und jetzt, die Schwester konnte es nicht glauben, jetzt bespuckten sie sich. Das war nun doch zuviel. "Gretel, Marie, wollt Ihr wohl!" Kurz entschlossen nahm sie die beiden Kontrahenten, die eine in die Ecke und die andere in die andere. Marie, die gespuckt hatte, die schüttelte sie unwirsch und erklärte ihr: "Wenn ich Dich noch einmal dabei erwische, kommst Du…" Und das wollte kein Kind, einsam und allein in dem Zimmer sitzen und war es auch nur für kurze Zeit. Ein Zimmer, welches die Nonnen für den Fall der Fälle hatten, für die bösen Kinder. Marie, die das alles nicht verstand, sprach zu ihrer Puppe: "Die Tante ist böse und du, du bist lieb", dabei drückte sie ihrem Puppenkind einen Kuss auf das Haar und stand jetzt da mit einem Blick in den kleinen Augen, der besagte, wenn ich könnte… Die schwarz gekleideten Frauen, die mit dem komischen Etwas auf dem Kopf, die schon manch einen Erwachsenen schaudern ließen und erst recht die Kinder. Damit hatten es Mariechen und die andern zu tun, sie mussten sehen wie sie mit denen klar kamen und damit nicht genug, die sagten auch noch den lieben

15

langen Tag, was sie zu tun und zu lassen hatten. So lernte sie früh, dass die, die schwarz gekleidet sind, die mit 'dem' auf dem Kopf, dass es mit denen nicht einfach ist. Der Grund, der ihr die Freude am Kindergarten nahm und bald war es eh soweit, der erste Schultag stand vor der Tür. Sie ließ die Mutter wissen: "Ich geh nicht mehr in den Kindergarten, da ist es nicht schön, auf der Straße mit den Kindern ist es viel schöner." Und damit war Frau Ley nicht einverstanden, ihr Kind, ein Straßenkind, das konnte und wollte sie nicht zulassen. Gleich war es soweit, die Mutter kam, um ihr Kind abzuholen. Der Tag war wieder mal vergangen und wie ein jeder verlaufen. Auch Mariechen stand voller Erwartung mit ihrem rosa Täschchen und den Teddy im Arm am Zaun und wartete auf ihre Mami. Manchmal wurde sie ungeduldig und fragte die Schwester: "Wann kommt denn meine Mami?", die dann auch nicht so recht wusste. Endlich waren sie zu Hause angekommen. Marie lief in den Garten und hörte die Kinder von nebenan. Das waren die Kinder, mit denen sie 'eigentlich' nicht spielen durfte, die machten Spiele, die waren nichts für Mariechen wie die Mutter sagte. Sie lief zu dem blickdichten Zaun und sah Marianne im Sandkasten sitzen, sie rief: "Marianne, Marianne" und die antwortete: "Mariechen, komm, komm." Schon hörte sie von weitem die Mutter rufen: "Maria, wo bist Du denn wieder, komm sofort ins Haus, der Papi kommt gleich." Betrübt trottete sie von dannen als es in strengem Ton wieder hieß: "Maria, Du sollst jetzt endlich kommen!" "Ich komm ja schon", war die Antwort. "Wasch Dir die Hände und zieh schon mal Deinen Schlafanzug an", befahl die Mutter, die dabei war, das Abendessen zuzubereiten. Zum Abendbrot gab es meist Bratkartoffel, dazu mal ein Spiegelei oder einen selbst eingelegten Hering, denn das Essen im Haus der Familie Ley war vielseitig und gut. Mutter Ley war eine gute Hausfrau und die beste Köchin, die sich ein Mann wünschen kann. Auf dem Gebiet hatte sie zahlreiche Ideen, immer wieder neue Rezepte, die probierte sie aus, um ihren Mann, Mariechen, die Bekanntschaft und die Verwandtschaft, die die Leys hatten, zu verwöhnen. Sie kochte nicht nur gut, sie backte mehrmals in der Woche und in der Nachbarschaft war sie für ihre köstlichen Kuchen bekannt. Nicht selten kam eine Nachbarin zum Kaffee, es wurde geredet und geredet über Gott und die Welt, über den Pfarrer und die Setzkartoffel bis dann die gute Frau Weiler sagte: "Frau Ley, ich bin jetzt schon vier Stunden hier, dabei muss ich doch das Abendessen für meinen Andres kochen, der gleich von der Arbeit kommt." In Haus und Flur in Küche und Garten war alles bestens und auch Herr Ley und Mariechen sahen wie aus dem Ei gepellt aus. Herr Ley, er achtete sehr auf sich, sein Freund Paul, der Frisör von gegenüber, der half ihm dabei, denn im Krieg…, ja, der Krieg, der hatte viel Unheil angerichtet. Frau Ley schien für sich selbst nicht so das rechte Händchen zu haben und lief meist daher, irgendwie, und auch Mariechen hatte ein Kind schon gefragt: "Ist das Deine Oma?" Dabei schneiderte und zauberte sie für andere Frauen auf ihrer Nähmaschine wunderschöne Kleider, Kostüme. Eine Sache, die Marie schon bald stören sollte, denn sie verglich ihre Mutter mit den anderen, die schick daher kamen, sich mit Nagellack und Lippenstift schmückten und ihre Mami?, die hatte sie doch lieb und wollte doch auch, dass sie… Zur Zeit war spielen angesagt in Haus und Garten und das mit vielen Kindern denn, Mariechen war Einzelkind. Und wenn es dann mal wieder soweit war und ein Kind durfte bei ihr übernachten, war die Freude groß, sie war unendlich groß. Die Eltern nutzten die Gelegenheit, sie gingen aus, ins Kino, ins Theater oder zu Onkel Hans und Tante Gertrud. Die Leys kannten drei mit dem Namen und Mariechen fragte dann: "Zu welchem Onkel Hans geht Ihr denn?" Sobald die braven Leute die

Tür hinter sich ins Schloss fallen ließen, ging es los. Kissenschlachten, Kopfkissen flogen durchs Zimmer, die Türen auf und zu, die Treppen rauf und runter. Die Jagd nach Übermut, das Spiel der Spiele, durch's ganze Haus. Mariechen außer Rand und Band, nicht mehr zu halten, ihr Temperament und davon hatte sie viel.

Heute war Rike Mariechens Gast und die war eine, die nur das Böse, wie die Mutter sagte, in ihrem roten Schopf hatte und Mariechen auf dem pikanten Gebiet einiges zeigte. Sie war ein paar Jahr älter. Aber und das war der Grund, warum sie mit Rike spielen durfte, die Leys verstanden sich gut mit den Neuers, den Eltern von Rike. Herr Ley und Herr Neuer waren Skatbrüder und auch sonst waren die Neuers anständige und nette Leute, wie Frau Ley immer sagte. Frau Neuer lief wie Frau Ley ständig in die Kirche, die beiden Frauen und so könnte man sagen, sie waren Gebetsschwestern, sie schwebten auf der gleichen Wellenlänge. Die Kinder lagen auf dem Bett als Rike plötzlich ihr Höschen auszog und sagte: "Schau mal, Mariechen, bei mir sieht das so aus und bei Dir?" Mariechen zog ebenfalls ihr Höschen runter und sagte: "Und bei mir so." Jetzt ging Rike sogar soweit und fingerte an sich herum und ihre Augen verdrehten sich und Mariechen spürte und fühlte, dass das Spaß machte und gut tat. Jetzt langten ihre Fingerchen nach Rike und sie berührten sich gegenseitig. Ein zartes Düftchen erfüllte den Raum, es war der Duft der kleinen Mösen. "Ist das böse?", fragte Mariechen und Rike grinste über ihre sommersprossiges Gesichtchen und antwortete: "Ich weiß nicht, ich glaube schon, aber besser ist es, Du sagst nichts Deiner Mutter!" Das hatte Marie schon mitbekommen, mit jedem Kind konnte sie so etwas nicht spielen und sagen durfte sie das auch nicht jedem und ihrer Mami schon mal gar nicht.

Das war ja der Grund, warum sie mit der Marianne von nebenan nicht spielen durfte. Das Doktorspiel, viel zu prickelnd als dass sie sich das verderben wollte. Die Zeit war vergangen, der Mond schien am Himmel und funkelnde Sterne leuchteten in das Kinderzimmer, in dem die beiden Rotznasen lagen und den Schlaf der braven Kinder schliefen. Es war bereits nach Mitternacht als die Eltern nach Hause kamen, die noch mal nach den Kindern schauten und beide vereint im Reich der Träume vorfanden. 'Hier ist alles in Ordnung', sagte sich Frau Ley und verließ zufrieden das Zimmer, um sich mit ihrem Mann zur Ruhe zu begeben.

Am andern Tag dachte Mariechen, dass sie das, was sie gestern Abend mit Rike gespielt hatte mit Irmgard, der Tochter von der strengen Tante Anna nicht spielen durfte. Die musste mit ihrer Flöte in die Kirche gehen und vor der Muttergottes fromme Lieder singen und auch sonst sah die so aus, als ob sie das Ding nur zum Pinkeln hätte. Als Mariechen so dachte, war sie schon älter und hatte mehr von der Welt verstanden. So hatte sie für das Spiel der Spiele Marianne und Rike und mit denen wollte sie sich gut halten. Da waren noch Fredi und Ernst. Und besonders Ernst, dessen Eltern am Tag nicht zu Hause waren und die ihr Frisörgeschäft betrieben, mit dem konnte sie auch so etwas spielen, der zeigte nur allzu gern sein Schwänzchen und pinkelte damit in hohem Bogen, wenn Zeit und Raum es erlaubten. Eines Tages hatten sie im Leyschen Garten hinten in der Ecke gesessen, da wo Marie ihren Sandkasten hatte, aus alten Decken hatten sie ein Zelt gebaut, 'hier sind wir ungestört', dachte Marie, 'hier kommt die Mutter so schnell nicht hin'. Jetzt saßen sie da in der Runde, Marianne und Marie, Fredi und Ernst, so wie der liebe Gott sie geschaffen hatte. Marianne hielt ein Holzstöckchen in der Hand und berührte jeden damit. Marie und Ernst genossen die sanften Berührungen und verdrehten ihre kleinen hinterlistigen Augen. Fredi verhielt sich zurückhaltend, er schien nicht so recht Freude an dem Spiel zu haben, den hatte seine Mutter zu sehr ermahnt, dass man das nicht spielen darf. Die Welt um sie herum, die Kinder hatten sie vergessen. Plötzlich hörten sie Frau Ley, die Unheilvolles ahnte, und die mit großen Schritten auf das Zelt zugeeilt kam. Unwirsch riss sie an dem Zelt, an den alten Decken, die wie ein Kartenhaus zusammenfielen und sah die Bescherung. Ihre Marie und die andern drei. Sie konnte es nicht fassen, großes Geschrei war zu hören. Marianne war blitzschnell aufgestanden und hatte sich aus dem Staub gemacht. Sie war durch die Lücke des Zauns wieder im Nachbargarten verschwunden. Marie, Ernst und Fredi waren noch da, die jetzt da saßen sowie die Natur sie geschaffen hatte. Frau Ley wollte und konnte es nicht glauben, sie schimpfte und schrie und holte die Mütter der beiden Jungs, die geeilt kamen und ihre Brut in Empfang nahmen. Aber und das muss gesagt werden, Frau Doktor, die Mutter von Ernst, sah die Sache gelassen und Frau Knoberich, Fredis Mutter, war eh keine Frau der vielen Worte. Die beiden Frauen nahmen denn auch ihre Söhne und waren mit ihnen auf und davon. Nur Frau Ley, die sich immer noch nicht beruhigt hatte, schrie und schimpfte weiter vor sich hin und ließ Mariechen wissen: "Und damit Du es weißt, Du bekommst jetzt eine deftige Strafe, die nächsten sechs Wochen hast Du Stubenarrest und jetzt ab ins Bett und gleich kommt der Papa und dann bekommst Du eine ordentliche Tracht Prügel!" Mariechen, die jetzt auch nicht mehr so richtig wusste, weinte und heulte lauthals vor sich. Für Frau Ley war eine Welt zusammengebrochen, ihre Tochter, ihr Mariechen, sie konnte es nicht glauben. Jetzt konnte nur noch ihr Mann helfen in Form einer Tracht Prügel, denn das hatte Marie jetzt verdient. Als Herr Ley gegen Abend erschien und Frau Ley sich immer noch nicht beruhigt hatte, passierte nicht viel, eigentlich passierte nichts. Er ging zu Mariechen, die sich immer noch nicht beruhigt hatte, holte sie aus dem Bett, nahm sie an die Hand und setzte sie an den Abendbrottisch. Und das war die Krone, die Herr Ley dem Ganzen aufsetzte, denn seine Frau, deren Nerven überstrapaziert waren, ihr fehlten die Worte. Frau Ley stand auf, ging ins Bad, öffnete den Medikamentenschrank und griff in die Pillendose, die letzte Rettung. Für die kommenden Tage war im Hause der Leys Stille angesagt, eine feindliche Ruhe, jeder ging jedem aus dem Weg. Herr Ley war tagsüber im Büro, Mariechen im Kindergarten und Frau Ley saß des Öfteren in der Kirche. "Die Frau sitzt da", äußerte sich eine Nachbarin, "als hätte sie es zu Hause mit Verbrechern zu tun!" Die Gedanken gingen ihr durch den Kopf, ihr Mann, sein Verhalten, Mariechen, die würde ja, wenn nicht Einhalt geboten wurde, nicht auszudenken was aus der mal werden würde. Jetzt, genau jetzt, war die richtige Zeit, musste das Kind gelenkt und geleitet, damit aus ihr und dafür wollte Mutter Ley sorgen, damit aus ihrem Mariechen eine anständige Frau wurde im Sinne der zehn Gebote und die konnte Mariechen bereits aufsagen, das hatte sie ihr schon beigebracht. Drei mal am Tag wurde im Haus der Leys gebetet morgens, wenn das Kind aufstand, wurde das Morgengebet verrichtet, mittags vor dem Essen 'Komm oh Herr und sei unser Gast...' und abends, wenn sie Mariechen zu Bett brachte, saß Frau Ley singend und betend an ihrer Seite. Und auch über ihrem Bettchen hingen die vierzehn Englein, 'Zwei zu meiner Linken, zwei zu meiner Rechten... zwei, die mich führen ins himmlische Paradies!" Die Gebote der Kirche waren im Haus der Leys bestimmend, sie besagten, was wann und wo gemacht wurde, sie wies der Familie den Weg. Vor Ostern wurde gefastet, Mariechens großes Bonbonglas stand auf dem Schrank, von ihrem Stuhl aus, wenn sie bei Tisch saß, konnte sie es sehen. Das Glas, welches sich füllte, dann wenn Besuch kam, der Onkel Heinrich, der die Tafel Schokolade mitbrachte und sie Mariechen mit den Worten gab: "Schau mal, was ich Dir mitgebracht habe, aber wir haben, wie Du ja sicher weißt, Fastenzeit!" Die Mutter, die gute, nahm dann die Schokolade und tat sie in das Bonbonglas. Und wenn keiner hinschaute, Mutter Ley nicht in der Küche war, stieg Mariechen auf den Stuhl, griff in das Glas, welches sich füllte und füllte, aber auch immer wieder leerte. In der Maienzeit, in dem Monat, wenn die Natur erwacht war, im Garten der Leys es grünte und blühte, pflegte Mutter Ley zu sagen: "Marie, Du hast einen wunderschönen Namen, Du trägst den Namen der Muttergottes 'Maria', sie ist Deine Schutzpatronin, Du stehst unter ihrem Schutz und für Dich mein liebes Kind gehört es sich, in die Maienandacht zu gehen." So lief das Kind brav, nachdem es die Hausaufgaben gemacht hatte, in die Kirche, um in den Mariengesang einzustimmen. In späteren Jahren lief sie an der Kirche vorbei ins Jugendzentrum, wo sie mit Ihresgleichen zusammen kam und das auch nur so lange bis Mutter Ley davon nichts erfuhr, die sie immer wieder wissen ließ: "Maria, auch wenn Du die Leute nicht kennst, sie kennen Dich und geben auf Dich acht!" So war das im Haus der Leys, Mariechen, Mutter Leys Liebling, sie sollte und sie würde, sie sollte Geige lernen, eine Virtuosin werden. Das Musikinstrument, welches einsam und verlassen irgendwo in einer Ecke im Schlafzimmer stand. Ihr Mann vor Jahren, als sich Herr und Frau Ley kennenlernten, wunderschön konnte er spielen, im Orchester des Bürgervereins hatte er gespielt und nach dem Krieg!, ja, ja, der Krieg, was der angerichtet hatte. Ab und an zur Weihnachtszeit, an Abenden, wenn alles so war wie es war, still und beschaulich, holte Herr Ley seine Geige, Tränen standen in seinen Augen und auch Mutter Ley, ihr war so, irgendwie, wenn die Kerzen am Adventskranz brannten, das war die Zeit und Mariechen da saß, die auch nicht recht wusste und die Erinnerungen kamen 'Es steht ein Soldat am Wolgastrand...' und wenn jetzt Herr Ley schon nicht mehr spielen konnte, so sollte doch wenigstens das Kind, es sollte Geige lernen. Marie hatte denn auch mal das Instrument in die Hand genommen, den Violinstab dazu und quietschende Töne hervorgebracht und war zu dem Entschluss gekommen, dass sie mit ihrer Flöte und dem wöchentlichen Unterricht gut bedient sei und was sollte sie nicht noch alles machen, nachmittags? Die Hausaufgaben, montags orthopädisches Turnen, dienstags schwimmen bei Onkel Hans in seiner Jugendgruppe und mittwochs Flöte und zusätzlich die Zeit der Andachten in der Kirche im Mai und im Herbst. 'Wie ist es mit deiner Freizeit?', fragte sie sich und dann die Zeit des Stubenarrest und davon gab es genug. Das Kind, das heranreifende Mädchen, die es verstand, sich langsam, nach und nach, den strengen Regeln des Elternhauses zu entziehen.

Die Wolken im wunderschönen Garten der Leys, hoch oben am Himmel bewegten sie sich und keiner hätte gedacht, dass sie sich eines Tages zu einem furchterregenden Gewitter auftürmen sollten. Einmal im Jahr in der Sommerzeit fuhr die Familie in Urlaub, Jahr für Jahr war das so und die Leys, sie fuhren nicht ein, zwei Wochen, jährlich waren vier Wochen angesagt. Geraume Zeit vor dem Urlaubsantritt wurde gewaschen, gebügelt, die Anzüge von Herrn Ley, die Kleider der Frau Ley, sie wurden in die Reinigung gebracht, wieder abgeholt und auch Mariechens kleine Garderobe hing sauber und ordentlich am Kleiderschrank. Die Koffer wurden vom Dachboden geholt, Herr Ley hatte alles organisiert, die Zugreise, die Pension, er war wie ein Mann sein sollte, er kümmerte sich um die Dinge außer Haus wie um das Konto bei der Sparkasse, dass alles lief und es lief gut und Frau Ley, die regelte die Sache im Haus und das machte sie ebenfalls bestens. Und wie jedes Jahr fuhren die Leys in den wunderschönen Spessart nach Bad Orb. Herr Ley kurte in dem malerischen Örtchen und Frau Ley spazierte, und wenn dann ihr Mann seine Anwendungen hinter sich hatte, spazierten sie gemeinsam wie 'Leute von Welt' durch den Blumen geschmückten Kurpark, hörten Konzerte, dinierten in Gasthöfen und ließen es sich gut gehen. Frau Ley einmal im Jahr kam sie in den schönsten Kleidern und Kostümen daher, Federn schmückten ihr Haar, weiße Handschuhe zierten ihre Hände und auch Mariechen, die jetzt an ihrer Seite lief, war wie eine kleine Prinzessin. Das Idyll der Familie, es hätte schöner nicht sein können. Als es dann mal wieder soweit war und der nächste Urlaub stand vor der Tür, war die Familie der Meinung, dass doch nun mal ein anderes Urlaubsziel angesagt sei. Bayern, die Berge, der Chiemsee war das Ziel und das mit einer der Leys verwandten Familie, der Familie Schwarz, mit Onkel Helmut, Tante Carola und Jürgen. Die Leys und die Schwarzens mieteten ein Haus nicht weit ab vom Chiemsee, in den Bergen, romantisch gelegen und den Hausberg, den Hochfelln, zum Greifen nah. Es sollte ein traumhafter Urlaub werden, der letzte von Vater Ley. Täglich andere Touren, mit Bus und Bahn erkundeten sie die nähere und weitere Umgebung und wollte Marie sich heute erinnern, überall waren sie gewesen, München, Salzburg, die Schlösser des Ludwigs hatten sie besichtigt, Berge und Täler durchwandert und wenn denn Jürgen und Marie nicht mehr wollten, liefen sie ins Freibad, zwei Minuten von ihrer Herberge entfernt. Wer hätte es gedacht, nicht glaubhaft, dass zwei Monate später das unheilvolle Schicksal die Leys überfiel. Herr Ley, der mit seiner Marie gerade mal so und ohne Mühe den

Hochfelln bestieg und Frau Ley, die die zwölfhundert Meter hoch liegende Alm erreicht hatte, sie konnte nicht mehr. Vater und Tochter, sie erreichten das Gipfelkreuz. Wer hätte das gedacht, dass kurze Zeit später, des Nachts, Herr Ley von qualvollen Schmerzen überfallen wurde, von jetzt auf gleich, einfach so. Freitagabend war's, die Leys waren zu Bett gegangen, am andern Tag wollten sie, sie hatten noch so viel vor, das Ehepaar mit Marie, die kleine Familie. Marie wurde wach, es war zwei in der Nacht, sie hörte den Vater im Schlafzimmer nebenan, er jammerte, manchmal schrie er und die Mutter, sie lief hin und her, sie wusste auch nicht so richtig und holte den Arzt. Noch in der gleichen Nacht kam Herr Ley ins kleine Krankenhaus am Ort, was war geschehen? Der Arzt rätselte, er rätselte Monate lang, drei, vier Monate und Herr Ley?, aus einem starken Mannsbild, was war aus ihm geworden?, der Tod stand ihm im Gesicht. Endlich, der Arzt überwies ihn in die Universitätsklinik auf dem Venusberg und kurze Zeit später erhielt die Familie die unheilvolle Diagnose: "Leukämie!" "Ihr Mann", so ließ man die Mutter wissen, "hat aus heutiger medizinischer Sicht noch ein Jahr zu leben! Wir versuchen unser Bestes." Und auf den Tag genau, ein Jahr später, erlosch das Lebenslicht von Vater Ley! So qualvoll wie die Krankheit begonnen hatte, so qualvoll beendete sie Herrn Leys Leben. Der Krebs hatte gesiegt. Marie wurde untersagt, die letzten Tage den Vater zu besuchen, den sie schon von weitem jammern und weinen hörte, wenn sie den Krankenhausflur betrat. Und Frau Ley ließ man wissen: "Wir können für Ihren Mann nichts mehr tun, mittels Morphium nehmen wir ihm die schlimmsten Schmerzen." Tante Mary aus den USA war angereist, Herr Leys Schwester, sie wollte ihren Bruder noch mal sehen, ein letztes Mal. Und dann die Beerdigung, sie war groß, viele Leute kamen, um Herrn Ley die letzte Ehre zu erweisen, der eine Frau und ein Kind zurückließ, ein heranwachsendes Mädchen, für die sich nach dem Tod von Vater Ley das Leben änderte. Für Frau Ley brach eine Welt zusammen, ihre kleine Familie, die durch den Tod ihres Mannes nicht mehr existierte, der Tod, der ihr alles genommen hatte. Tagtäglich lief sie zum Grab, stand da, stundenlang, schluchzte, weinte, blickte zu den Kliniktürmen, da, da oben, da wurde es beendet, 'das Leben unserer kleinen Familie'. Die vielen Leute, die die Leys kannten, sie versuchten Frau Ley zu trösten: "Da ist doch noch das Kind, die Marie", doch Frau Leys Augen blickten ins Leere, sie wollte nicht mehr, der Traum, ihr Traum von Vater, Mutter und Kind wurde ihr genommen. Frau Ley und Marie, wie sollte es weitergehen? Keiner wusste so richtig und Frau Ley, die es hätte wissen müssen, wusste es schon mal gar nicht. Ihr Herz, in dem Moment als Herr Leys Herz aufgehört hatte zu schlagen, war Frau Leys Herz zerbrochen. Und was war mit Marie, die verstand und verstand doch nicht. Mittlerweile hatte sie erfahren, dass sie nicht das leibliche Kind der Leys war, in den Akten hatte es gestanden, die die Leys einfach so in ihrem Nachtskommödchen aufbewahrten, von einem Kindesannahmevertrag hatte sie gelesen, von einer Kindsmutter und von Adoption. "Was ist eine Adoption?", hatte sie Frau Ley gefragt, der's wie Schuppen von den Augen fiel, das Kind, unser Kind, die Marie, jetzt weiß sie Bescheid. Auf dem Sterbebett hatte sie es ihrem Mann noch gesagt: "Hans, die Marie, die weiß es jetzt!" Herr Ley hat die Botschaft mit ins Grab genommen, eine Botschaft, die zu früh an den Tag gekommen war, viel zu früh. Das war zuviel, der Tod von Vater Ley und jetzt wusste auch noch Marie, dass sie nicht...! Frau Ley, ihr Traum von dem 'eigenen' Kind, der Traum der guten Ehefrau und Mutter, der Traum war zerplatzt wie eine Seifenblase, wie fluoreszierende kleine Streifen irgendwo am Horizont, die im Wind hin und herwehen, um sich dann in nichts aufzulösen.

So war die Situation von Frau Ley und Marie, sie standen vor einem Nichts und keiner wusste so recht wie geht's weiter und Mutter Ley wusste es schon mal gar nicht. Die finanzielle Situation war nicht die Frage, Herr Ley hatte zeitlebens gesorgt und getan, da war das schöne Haus, keine Schulden und Frau Ley als Witwe erhielt jetzt Rente, nicht viel, aber es reichte. Die erste Etage war vermietet, zwei Studenten beherbergten die Leys seit Jahr und Tag und auch Frau Ley war nicht untätig, sie arbeitete als Schneiderin und verdiente ein kleines Zubrot. Das Geld war's nicht, es war die Psyche der guten Frau, die nicht wollte, die nicht konnte und den beiden das Leben erschwerte. Die Tatsache, dass Marie nicht, dass sie nicht das Kind der Leys war, war für das Mädchen und das ließ man sie in späteren Jahren aus berufenem Mund wissen, wichtig. Sie distanzierte sich von der Frau, deren Gene nicht die ihren waren und die sich ihrem Schicksal ergab, anstatt zu kämpfen, zu tun und zu machen, um ihr Leben im Sinn von Vater Ley fortzuführen. Im zarten Alter von achtzehn verließ sie das Elternhaus, sie hatte schon gelernt wie es ist, sich durchzusetzen und letztendlich zu arbeiten, um sich das Leben so gut wie möglich zu gestalten. Die Beziehung zu Mutter Ley, zu Frau Ley, manchmal hatte sie geweint, warum?, was sollte das, Marie war stark und wollte und würde, sie wollte ihr Leben meistern, ihr Leben fest in die Hand nehmen. Sie zog ihr schönstes Kleid an und lief hinaus in die Welt! Wo sie hinkam, überall wurde sie mit offenen Armen empfangen und auch im Job hatte sie Glück, sie bekam Stellen, die sie verdienen ließ, nicht zuviel, aber es reichte, um sich ein angenehmes Leben zu bereiten, originelle Appartements, ein kleines Auto, Urlaub, schöne Kleider und all das was einer jungen Frau das Leben angenehm und lebenswert macht und dann die Verehrer, die sie hatte, und davon hatte sie schon einige. Der Traum der Weiterbildung, der mit der

Lehre nicht beendet war, der sollte und würde werden. Für's Erste aber und für ihr Alter war's schon nicht schlecht 'und jetzt geht's weiter', dachte sie sich..

Ihr Liebesleben hatte sie auch geplant. Irgendwann würde sie auf einen Mann treffen, der ihren Vorstellungen entsprach, der wie sie die Schule besucht hatte, aus einem Elternhaus kam, welches man vorzeigen konnte und das sollte er ebenfalls, sie wollte einen haben, der nett anzuschauen ist. Auch hier hatte sie genaue Vorstellungen, groß sollte er sein, sie wollte an ihm nach guter alter Väter Sitte aufblicken können. Aber auch Marie wollte ihrem Zukünftigen etwas bieten, sie wollte arbeiten gehen, Geld verdienen, sich der Juristerei verpflichten, zwei Kinder haben, ein Junge und ein Mädchen, auf einem kleinen Bauernhof wohnen mit Hund und Katze und ihr Mann, der würde, der würde sowieso erfolgreich sein. Wahre Liebe und Treue, so wie die Kirche es lehrt, 'bis dass der Tod Euch scheidet', für Marie wichtige Tugenden und das soll gesagt werden, der Einstellung blieb sie ein Leben lang treu und hat sie vor Schlechtem bewahrt! Alles kam und wie es im Leben so ist, denn doch etwas anders. In der Volksschule schon merkte sie, dass das mit dem andern Geschlecht, dass das eine Sache ist, prickelnd und interessant. Sie traf auf einen Jungen, einer der anders war als die andern. Dunkles Haar, getönter Teint, ebenmäßiges Gesicht, smart aber auch zurückhaltend und doch auch und das doch auch, das war der Grund, warum dieser hübsche Kerl des Öfteren nachmittags mit seinem Freund vor Marie's Haustür stand und darauf wartete, dass sie aus dem Haus ging. Um in die Bücherei zu gehen, sich ein Buch auszuleihen, denn Marie las, die Krimis waren ihrs, 'Die fünf Freunde' von Enid Blyton, 'Das Geheimnis der alten Burg, ...des jüdischen Friedhofs, ...des am Wald gelegenen Weinkellers'. Sie verließ das Haus, um eine

Freundin zu besuchen, für Mutter Ley Nähseide zu besorgen und dann die Andachten im Mai und im Herbst. Die beiden Jungen mit Namen Klaus und wie sie ihn später nannte, Klaus I., und Helmut liefen im gebührenden Abstand hinter ihr her und warteten, warteten vor der Bücherei, vor der Kirche und wenn sie wieder erschien, ging's zurück. Klaus, ein scheuer Blick, ein schüchterndes Lächeln und Helmut, der mit dem Rotschopf, er begleitete seinen Freund und lief an seiner Seite. Passiert?, doch sie erinnert sich, einmal steckte ihr, es war auf dem Schulhof, ein Mädchen einen Zettel in die Tasche mit den Worten: "Der ist von Klaus!" 'Tausend Küsse, Dein Klaus', hatte Marie gelesen und sie hatte auf die Rückseite geschrieben: 'Ich küsse Dich auch, Deine Marie!' und so war es hin und hergegangen und wäre da nicht die schreckliche Fräulein Kammiter gewesen, die so schrecklich war wie sie aussah, dick und immer schwarz gekleidet, mit dem Knuz im Nacken, die immer noch auf den Einen wartete, der nicht kam, vielleicht und wer weiß, das mit Klaus, vielleicht wäre das was geworden. Dieses jungfräuliche Scheusal setzte dem Ganzen ein Ende, indem sie eines Tages Marie das heiß ersehnte Zettelchen aus der Hand riss mit den Worten: "Das geb ich heute Abend Deinem Vater!" Herr Ley, der die ehrenvolle Aufgabe des Elternsprechers in der Schule übernommen hatte, am Abend wurde ihm die zarte Botschaft überreicht. Vater Ley hätte denn auch, wenn Mutter Ley nicht gewesen wäre, die aus allem und jedem und eigentlich ist es nicht zu beschreiben wie die sich verhielt und jetzt das, ihre Marie und sie hatte es ja immer schon gewusst, das Mädchen, welches gerade mal acht war. So hatten die frommen Leute die Eltern von Klaus aufgesucht und sie wissen lassen, dass das mit den beiden, mit Klaus und Marie, dass das eine Katastrophe ist, Frau Ley fehlten die Worte. Und so wurde sofort und auf der Stelle die unheilvolle Geschichte beendet, "denn man könne ja nicht wissen", so Frau Ley, "die Zukunft der Kinder steht auf dem Spiel"! Die erste Begegnung mit dem andern Geschlecht, sie wurde auf eine Weise beendet, die das Ganze in ein Licht rückte, in die Finsternis der Hölle. Marie, sie hütete ein paar Tage das Bett, ihr war irgendwie und wenn sie jetzt auf Klaus traf in der Schule, auf der Straße, gingen sie sich aus dem Weg. So verwundert es keinen, dass sie als sie ihren ersten Kuss bekam, dass sie dachte jetzt ist es passiert, jetzt bekomme ich ein Kind. Die Aufklärung in der Schule, im Sinne der Mutter Ley, die mit der Biene, der Blume und dem Blütenstaub, tat ihres dazu. Die Schule, die für die Mädchen, die für die Töchter, die mal später sollten, hier wurde darauf geachtet und das war ungeschriebenes Gesetz, keine langen Haare, keine Hosen und wenn denn ein Mädchen gesehen wurde in der Stadt und das noch mit einem Jungen, wehe der am andern Morgen, die wurde nach den Vokabeln gefragt, den englischen, den französischen. Wenn jetzt jemand denkt, dass gehört doch alles schon lange der Vergangenheit an, der irrt. Diese Erziehung, sie hatte und war und das soll betont werden, auf der einen Seite 'Ja', auf der andern 'Nein'. Manchmal, ein übers andere Mal, trifft Marie auf Frauen, denen es ähnlich ergangen ist, die die gleiche Schule besucht haben und sie alle gehen ihren Weg, nicht recht oder schlecht, sie gehen ihn gut, jede auf ihre Weise. 'So schlecht kann's nicht gewesen sein', sagte sich Marie, 'das mit Mutter Ley, das war ne andere Sache'.

Die junge Frau, die jetzt in der Bonner Altstadt lebte, die von zu Hause ausgezogen war, ein kleines Appartement, ein möbliertes Zimmer mit Bad, war ihr eigen. Und das zu einem stolzen Preis von zweihundert, für damalige Verhältnisse nicht schlecht. Mutter Ley vermietete ihre Studentenzimmer für achtzig, aber da war denn auch Mutter Ley und die passte auf. Hier in ihrem kleinen Reich konnte Marie tun und lassen was sie wollte und keiner fragte und schielte um die Ecke, mit wem kommt sie denn heute schon wieder. Aber da gab's nicht viel zu fragen und zu schielen, Marie hatte ein paar Freundinnen und einen Freund, den sie am Wochenende sah und einmal in der Woche, meist Mittwochs. Kurt, hieß der gute, er kam schon mit einem eigenen Auto daher, ein Opel Kadett und hatte wie Marie die Lehre absolviert. Seit ein paar Monaten besuchte er die Ingenieurschule. Es war eine kameradschaftliche Freundschaft. Kurt, ein gut aussehender Junge, gut erzogen und immer aufs Geld bedacht, aber dass er seine Pommes frites mit   Senf aß und sich keine Mayonnaise gönnte, das störte Marie und immer und immer wieder ging's um's Geld. 'Geld gehört dazu', das hatte Marie begriffen, aber da gab es doch noch so viel anderes, unendlich viel anderes! Seine Mutter achtete sehr auf ihren Kurti, dass an den, nicht auszudenken, wenn der mit einem Kind nach Hause kommen würde. Sie ließ Marie wissen: "Der Kurt, der wird eines Tages..., für den kommt nur eine Frau mit Geld in Frage und Marie, sie hatte keins, obwohl, sie verdiente. Tagtäglich ging sie ins Büro, von acht bis siebzehn Uhr, organisierte und arbeitete für ihren Chef, einen Lobbyisten, und das machte sie nicht schlecht. Ihre absolvierte Lehre, die zahlte sich aus und das so wie die Worte es sagen. Der Wunsch nach Weiterbildung, der Wunsch das Abitur zu machen, nagte an ihr, wuchs und wuchs. Die Welt, in der sie jetzt lebte, war ganz nett aber interessant? Eines Tages besuchte sie das Arbeitsamt, um sich beraten zu lassen wie es denn sei, wenn sie sich fortbilden würde. Die Frau vom Amt informierte Marie über die Fachoberschule für Wirtschaft und da könne sie das Wirtschaftsabitur machen, um später Betriebs- oder Volkswirtschaft zu studieren oder aber um schlicht und ergreifend in den

Beamtendienst zu gehen. Und die Rosine im Kuchen, 'das ganze wird bezahlt'.
Marie überlegte, 'hört sich fürs Erste gut an, aber Wirtschaftswissenschaften
studieren, als Beamtin zu arbeiten?, wie nüchtern, wie desillusionierend?' Aber
und überhaupt? Kurz entschlossen entschied sie sich für diesen Weg und saß
an einem Mittwoch morgen, Anfang September, nach dem sie aus dem Urlaub
gekommen war, sie ihre Arbeit im Brauerbund gekündigt hatte, ihre
Freundschaft zu Kurti, so gut wie beendet, alles ganz nett aber doch nicht so
prickelnd, sie saß wieder auf der Schulbank. Und mit ihr all die, die eine
abgeschlossene Berufsausbildung hatten, junge Männer, und Frauen, drei an
der Zahl. 'Das wird was', dachte Marie, 'bei dem Überangebot, was hier zu
finden ist'. Einer der ganz besonderen Art, als er den Raum betrat und er sie
erblickt hatte, um ihn war's geschehen. Marie, die ihn bemerkt und doch nicht
bemerkt hatte, er ließ nicht locker und die Tage und Wochen sollten es zeigen.
Hier gab's kein Entrinnen, die Klasse, der Raum wie eine Insel, sie sahen und
begegneten sich Tag für Tag. Marie hatte sich mit einer Mitschülerin
angefreundet, die Ev hieß, ein paar Jahre älter und der junge Mann, der
anders war als die andern, hatte ebenfalls die Aufmerksamkeit von Ev erreicht.
So traf sie ihn eines Nachmittags als sie die neue Freundin aufsuchte, er saß
schon da als sie kam. Ev, seine Verbündete, er hatte ihr sein Herz
ausgeschüttet und wie er denn wohl, wie es möglich sei, an seine Angebetete
heranzukommen. "Marie hat einen Freund", ließ Ev ihn wissen, "aber mit dem,
das ist nicht so das und um es auf den Punkt zu bringen", muss sie gesagt
haben, "Du bist interessanter!" Hoffnung kam auf. Und dann das kleine Café
Müller, an dem sie vorbeiliefen, wenn's von der Schule nach Hause ging und
ihr Verehrer den Mut aufbrachte, um Marie zu einer Tasse Kakao mit Sahne
einzuladen. Mut und Übermut, davon hatte er genug, viel zu viel, und manch

einer fragte sich schon, was ist denn mit dem? Der ist wirklich anders als die andern. Er kam und ging wann er wollte und wenn der Lehrer, der auch nicht mehr wusste, ihn ermahnte: "Herr Strathaus, so geht das nicht wie Sie sich benehmen…", und auch der wiederholte Eintrag ins Klassenbuch, nichts half. Auf der einen Seite war er gut, in Mathe, Physik und Philosophie, auf der andern Seite in Deutsch und Englisch?, na ja, und was das Fach Religion anging?, davon schien er nicht viel gehört zu haben. Marie, die die katholische Erziehung der Mutter Ley im Ohr hatte, für sie kam Religion schon eher in Frage, wenn auch nicht im Sinne des alten Manns mit Bart auf dem Himmelsthron. Ihr Verehrer, der sich plötzlich für Religion interessierte, er saß neben ihr, um sie anzuhimmeln und zu vergöttern. Ab und an glänzte er mit seinen philosophischen Ansätzen wie die Frage 'die Religion im Bewusstsein des modernen Menschen contra der gen Himmel schielenden Heiligenfiguren, die in den katholischen Kirchen zu finden sind', der Lehrer staunte. So saßen sie gemeinsam einmal wöchentlich nebeneinander, dann wenn es um die Frage ging, 'wo kommen wir her, wo gehen wir hin?' Seiner Mutter gegenüber muss er geäußert haben: "Das ist ein Mädchen, die Marie, die ist so anders und was die alles macht!". "Überall auf der Welt gibt es hübsche Mädchen!", war ihre Antwort. "Nein", muss er gesagt haben, "Das ist sie!" Er war voll entflammt. Marie, die von alldem nichts wusste, nach und nach merkte, spürte sie wie sehr er ihre Nähe suchte, immer und immer wieder. Und auch Marie, die so etwas noch nicht erlebt hatte, wie sollte sie auch, so langsam hatte auch sie der Funken erreicht. Der Herbst war ins Land gezogen, Weihnachten war vorüber, das neue Jahr hatte begonnen und der Winter, der in diesem Jahr bitterkalt war, all das und ihr neuer Begleiter, der lief immer noch an ihrer Seite. Marie in ihrem bleuefarbenen Übergangsmantel, ihr Kaninchenfellmantel hing noch bei Mutter Ley im Schrank, und ihren Verehrer bekleidete eine langes Etwas aus Leder, das er mal irgendwo, sie dachte auf dem Flohmarkt, da muss er das Teil herhaben mit dazugehöriger Arbeitsmappe, in der er das kommunistische Manifest trug. Ab und an im Café Müller holte er das Papier aus der Tasche und gab eine Kostprobe. Marie, die von alldem noch nichts gehört und gelesen hatte, eine neue Welt tat sich auf, sie hörte von Kommunisten, von Arbeitern, von denen, die im Besitz des Produktionsmaterials sind, von Revolution und Anarchie, von Faschismus und Sozialismus, der eines Tages die Welt besiegen wird. 'Interessant', dachte sie, 'der ist das krasse Gegenteil zu Kurti'. "Ich bin politisch aktiv", ließ er sie wissen, "und lebe in einer Kommune mit Pork und Porki und Leila, das sind Studenten der Soziologie und die Leila, die hat..., die hat noch mehr!" Marie war beeindruckt, solche Töne, die hatte sie bisher noch nicht gehört und so langsam gelang es ihm, sie für sich zu gewinnen. Nicht nur Marie war beeindruckt, auch die andern, die Mitschüler der Klasse, sie merkten, der ist irgendwie, der hat was drauf, der weiß was, der weiß Sachen, von denen wir gehört haben, aber über die zu sprechen nicht so üblich ist. Da gab es aber auch die, die sich wegdrehten, wenn er anfing und den Kopf schüttelten und sich sagten: "Was der wieder von sich gibt!" So fragte sich Marie, was ist mit dem?, was hat der? Sie sollte es erfahren, langsam, ganz langsam. Auf dem Weg nach Hause, wenn sie an der Straßenbahn standen, manchmal, griff er nach ihrer Hand, für einen Moment, und Marie, die wollte und doch nicht wollte, sie entzog sie ihm wieder und eines Tages sagte er ihr: "Es ist schwer an Dich heranzukommen, Du bist irgendwie, Du bist unnahbar!" Das hatte sie schon mal gehört, das hatte ihr schon mal jemand gesagt und das war auch ok, sie wollte nicht sofort und mit jedem. Aber der, der neben ihr lief, der war nicht jeder, der war schon anders als die andern. Der Typ hatte was. So langsam entwickelte es sich, ab und an und wenn keiner hinschaute, wenn sie den Weg der Schule hinter sich hatten, liefen sie händchenhaltend daher, liefen sie irgendwo hin, liefen in ein Leben, gut oder nicht?, wer wusste schon. Die Beiden, beide aus einem Elternhaus kommend, na ja, und jetzt hatten sie sich getroffen. Intuitiv spürten sie es, dass sie allein waren, aber da war ihre Jugend, die ließ hoffen und die würde sie wie ein Vogel auf seinen Flügeln hinaus in die Welt tragen, in ein Leben, welches schön und lebenswert sein würde. Ob sie so dachten?, vielleicht, ihr gemeinsamer Weg, irgendwo muss er gestanden haben in einem Buch, welches ihnen mit in die Wiege gelegt wurde. Marie und der junge Mann. Immer wieder trafen sie sich, nicht einmal, zwei mal, hunderte Male bis sie dann in ferner Zukunft, eines Tages, aber bis dahin vergingen Jahre, Jahrzehnte. Zur Zeit liefen sie händchenhaltend durch die Gegend, wenn keiner sie sah und eines Tages ließ er sie wissen: "Jetzt bin ich endgültig von zu Hause ausgezogen, ich habe ein Zimmer gemietet, irgendwo unterm Dach in der Altstadt wohne ich jetzt, denn mit meinem Alten, mit dem…" Und das konnte Marie sich vorstellen, dass er, sowie er daher kam, mit dem schwarzen langen Ledermantel, dem hellblauen Pullover, der verschmiert war, Tag für Tag das gleiche Outfit, dass er Probleme hatte und die nicht nur mit seinem Alten wie er seinen Vater nannte. Der Pullover, der einen Mitschüler zu der Frage veranlasste: "Strathaus, haste keinen andern, auf der ist doch die ganze Marie abgebildet!" 'So wie der hellblaue Pullover aussieht, muss ich mir das Zimmer vorstellen, indem er jetzt wohnt'. Das alte Haus in der Heerstraße mit der Nr. 140, hoch oben unterm Dach. Als sie die letzten Treppen hoch liefen und sie dachte, was soll denn jetzt noch kommen, öffnete er die Kammer, eine kleine Bude, drei Matratzenteile lagen auf dem

Boden, mit einer Kordel zusammengehalten, ein alter Stuhl davor und zwei große Flaschen 'Lambrusco' in der Ecke. "Wo ist denn hier das Bad?", fragte Marie, "das befindet sich auf dem Flur", war die Antwort. Ein altes, verrostetes Waschbecken mit einem tropfenden Wasserhahn, gewöhnungsbedürftig wie alles an ihm, aber... interessant. Er hatte zur Einweihung seiner Bude, Karnevalssamstag, eingeladen, den langen Sittka mit Eva und die waren neugierig wie der Typ lebt, der anders war als die andern. Sittka verabschiedete sich mit den Worten: "Und damit Du's weißt, Strathaus, ab Montag gehört die Marie mir!" Das hatte er gehört oder nicht, seine Worte standen im Raum und Marie war verblüfft 'wie, der auch?' Zur Feier des Tages holte er aus einer Reisetasche, und viel mehr Platz war in der Bude nicht, ein reines Laken und legte es über die Matratze und nahm endlich seine heiß Verehrte in den Arm. Und wenn jetzt jemand denkt, jetzt geht's los, der wird enttäuscht, stundenlang lagen sie da, ab und an ein Schluck aus der Lambrusco-Flasche, ein kleiner Kuss, und da es kalt war, hatte er fürsorglich seinen Ledermantel über sie beide gelegt bis der Mond durch die kleinen gotisch geformten Fenster schien und den spärlich erleuchteten Raum erhellte. Irgendwann in der Nacht meinte Marie, sie wolle und müsse denn auch, genauer gesagt, eine Straße weiter in die Viktoriastraße gehen.

Sollte man diese romantische Liebe beschreiben, es waren erste Versuche, erste zarte Berührungen, Küsse, einem Babykuss gleichkommend, honigsüß und nach mehr verlangend. Tag für Tag ging das so, Marie und er, sie waren Nachbarn, eine Straße weiter, da war ihr zu Hause. Und wenn ihnen nicht mehr danach war, auf den alten Matratzen zu liegen, liefen sie nebenan auf ein Bier in die Kneipe. Lange hielten sie es nicht aus und schon waren sie wieder auf der Bude zu finden. Die Bude, die hatte was, die so spärlich und armselig eingerichtet war, das wenige was hier stand, alt und vergammelt, eigentlich alles für den Sperrmüll. Die Bude, ihr Nest, wo er zärtlich wurde, sie berührte, sanfte Streicheleinheiten, zärtliche Küsse vom Ohrläppchen bis zum kleinen Zeh und Marie, sie genoss, wollte, wollte mehr. Die Schule?, die hatten beide vergessen, die gab es, und täglich, Marie lief und saß schön brav jeden Morgen um acht, saß sie da und er, kam wie immer. Gegen sechs in der früh erhob sie sich von den alten Matratzen, um sich umzuziehen, 'die Pflicht ruft', sagte sie sich. Die Pflicht, die sich nicht nur in der Anwesenheitspflicht zeigte, nach der Schule hätten sie, hätten sie lernen müssen, aber da war die Bude und diese Kammer, sie zog und zog. Mutter Ley, die davon gehört hatte, ihre Marie und der Strathaus, sie sah die Katastrophe kommen, lief, wie sie immer gelaufen war, zu den Lehrern, die mit dem Kopf schüttelten und ihr erklärten: "Verehrte Frau, hierauf haben wir keinen Einfluss!" So musste sich denn auch Marie, wenn sie mal wieder Mutter Ley aufsuchte, schlimmste Beschimpfungen anhören, Wutausbrüche der Frau, die in Handgreiflichkeiten endeten, die Frau, die der schieren Verzweiflung nahe war, ihre Marie, und es kam vor, wenn die Mutter ihre Tochter zu sehr bedrängte, sie die Frau wegdrückte, sie in ein anderes Zimmer schob und einmal, man stelle sich vor, hat sie die Frau gerüttelt und geschüttelt, um sie wieder zu Verstand zu bringen und hielt schlussendlich ihr Haarteil in der Hand. Das war der Tochter dann doch zuviel, sie nahm ihren Mantel, ihre Tasche und war schon wieder auf der Straße und ließ eine keifende Frau zurück. "Gott sei Dank ist das nicht deine...", waren stets ihre Gedanken als sie in die Straßenbahn stieg, um in ihre Welt zu fahren, die ruhig, harmonisch und schön war. Gleich würde sie in die Heerstraße Nr. 140 gehen. Sie hatte eingekauft, für heute Abend, Sauerkraut,

Knoblauchwurst und Baguette. Der Haushalt, der sich langsam perfektionierte, immerhin, sie hatten eine CD, Mozarts vierzigste, die spielte immer und immer wieder. Der Frühling lag in der Luft, die Tage wurden länger und auch in ihnen grünte und blühte es. Die Kammer, die jämmerliche Bude, ein Frühlingsstrauß war zu finden, in einer Ecke stand er auf dem Boden wie alles hier zu finden war, es türmte sich und ihre Gefühle, ihre Liebe für einander, sie wuchs und wuchs. Ihre junge Liebe, zart und rein und wenn er sie berührte, wie ein Schlag gings's durch ihren Körper, in der Schule, auf der Straße, um dann endlich wieder auf den alten Matratzen zu liegen. Die Gefühle zwischen zwei Menschen, wenn sie unerfahren, wenn sie jung sind, unberührt, die Gefühle, die unendlich stark, kein Dichter der Welt könnte sie je beschreiben. Das erlebten Marie und ihr Freund. An ein Morgen dachten sie nicht, um sie herum versank die Welt, im Hier und Jetzt bewegten sie sich, um sich hinzugeben, dem einen, dem andern, wieder und wieder. Auf der Straße, im Wald, wenn sie händchenhaltend über Wiesen liefen, über Bäche sprangen und er seinen weißen Mantel ausbreitete auf der nassen Wiese, es sie überkam und die Leute, die vorbeikamen schauten, staunten, sie sahen sie nicht, ihre Welt, sie war anders, die Welt der Liebe, sie hatte beide in der Hand, aus der zu entrinnen nicht möglich war bis eines Tages die Realität sie einholte und sie wieder auf den Boden des Lebens zurückführte. Die Schule, wie sollten sie auch, ihr Ziel hatten sie nicht erreicht und auch das, es störte keinen von beiden. Kein Schimpfen, kein Ermahnen seitens der Lehrer, der Eltern, 'was die schon wieder', sie wollten und würden, sie waren jung, sie waren frei, ihnen lag die Welt zu Füßen. So war's und so war's nicht. Bis eines Tages der monatliche Fluss, das rote Blut, es blieb aus. Marie stutzte, aber, 'das kann nicht sein', dachte sie, 'die kamen doch noch nie so wie es sein soll', das kann nicht sein und da sind auch die Vorboten, die leichten Krämpfe, sie würden kommen so wie sie immer kamen, alle vier, fünf, sechs Wochen. 'Keine Sorge', sagte sie sich, 'die kommen'. Und auch ihr Freund fragte: "Was ist Marie, was ist los?" Sie beruhigte ihn: "Da ist nichts, da bin ich mir ganz sicher!" Und die gute Ev: "Marie, Du musst zum Arzt, da stimmt was nicht!" Aber sie, sie wusste es. Ein, zwei, drei, vier Monate gingen ins Land, die weiße Hysterie, der Moment des Flusses, des Überfließens, er stockte, kam nicht in Gang. So langsam, ganz langsam, dämmerte es ihr, 'Du musst zum Frauenarzt'. Die Natur, jetzt im Frühling, sie war zu vollem Leben erwacht und auch in Marie regte es sich, ihr Schoß, er trug die Frucht ihrer zarten Liebe. Sie wusste es, wollte und wollte es nicht wahrhaben bis eines Tages die ältere Frauenärztin es ihr liebevoll mitteilte. "Sie sind Anfang des fünften Monats!" Beschwingt verließ sie die Praxis, 'Und jetzt?' fragte sie sich. Er muss es wissen, du musst es ihm sagen. Und er kam, kam auf der Stelle. "Wir werden heiraten", waren seine Worte "oder Du musst", aber dafür war es zu spät. Und bei dem 'oder Du musst', war ihr, das konnte sie nicht. Wie würde es weitergehen? Keiner wusste es und Marie schon mal gar nicht. Ihre erste große Liebe, würde sie wegweisend sein für ein späteres Leben?, soweit dachte sie nicht, dachte er nicht, denn da war die Bude, die Kammer, da waren sie wieder und liebten sich inniger denn je. Die Zukunft? Keiner von beiden dachte daran. Und 'heiraten?, wie kann man nur', dachte sie, 'ich bin doch gerade mal erst'. Als der Verstand aufhörte, ihr Kopf nicht mehr dachte,   entwickelte sich ihr Körper. Sie wurde fraulicher, ihre Brüste, ihr Schoß alles war bereit, sollte auf den Tag vorbereitet werden, wenn es denn soweit war. Marie, tagtäglich lief sie wieder ins Büro, sie hatte einen neuen Job, war gut gelaunt, denn die Hormone produzierten und das kam auch der Psyche zugute. Manch einer konnte es nicht begreifen, die Marie, und so fragte sie eines Tages eine Frau: "Sag mal Marie, Du bist so hübsch, aber Deine Figur?, Du bist ein bisschen dick!" "Das hat seinen Grund", war ihre Antwort, "ich bin ich fünften Monat schwanger!" Wer es bis dato noch nicht wusste, der wusste es jetzt und Mutter Ley?, die erfuhr es von ihrem Freund, der allen Mut zusammengenommen hatte, um die Frau zu informieren. Die Reaktion der Frau?, ein Jeder, der bisher die Geschichte verfolgt hat, wird sie sich vorstellen können. Und so ging es hin und her aber, die Zeit drängte. Der Herbst zog ins Land, die Tage wurden kürzer und kürzer, der September war vorüber, der Oktober, der November und die Heerstraße Nr.140 sie existierte, wie lange noch? Im Dezember war's, zu Beginn der heimeligen Adventszeit, zog es sie wieder zu Mutter Ley, von der sie schon länger nichts mehr gehört hatte. Die Mutter, Frau Ley, wie auch immer, empfing die 'gefallene' Tochter, sie empfing sie freundlich und zeigte sich kooperationsbereit, anders als sonst, Marie war erstaunt. "Hör zu mein Kind", waren Ihre Worte, "Ich möchte Dir helfen, Du kannst, wenn Du möchtest und das bis zur Geburt Deines Kindes in meinem Haus wohnen. Und danach, wir werden sehen!" Welche Töne, welche Worte, Marie verschlug's die Sprache und eine Nachbarin meinte, eine von denen, die es eh schon immer wussten: "Die will Dein Kind, Marie, die sucht nach einem Sinn, verstehst Du was ich meine?" Marie verstand. Als am Adventskranz vier Kerzen brannten, kehrte Marie ins Elternhaus zurück mit Sack und Pack, aber davon hatte sie eh nicht viel. Ihr Job war beendet. Die Frau ihres Chefs hatte sie wissen lassen: "Wenn's da ist, lassen Sie's mich wissen, ich komme dann!" Ihr kleines Appartement in der Viktoriastraße war gekündigt, die Heerstraße Nr.140 existierte nicht mehr und ihr Freund?, der lebte wieder bei seinen Eltern. Marie und er waren sich einig, das Kind, unser Kind, wird ein Junge. In Büchern suchten sie nach Namen und der werdende Vater, der kommunistisch orientiert war, dachte so an 'Wladimir Iljitsch', so wie Lenin hieß, worauf sein Vater meinte: "Dann kann man ja nur hoffen, dass das Kind kein Junge wird!" Marie dachte, wenn es denn ein Mädchen wird, 'Larissa' ist gut, hört sich peppig an, 'Larissa Katharina' wollte sie die Kleine nennen. Irgendwie und überhaupt alles war ein bisschen traurig, Marie und er, die Beiden, die sich Tag für Tag gesehen hatten, ihre Wege schieden sich, denn ein inniges Beisammensein wie in der Heerstraße, war im Elternhaus streng verboten. Die beiden Liebenden, ihre Körper, fürs Erste getrennt, in Gedanken innigst verbunden, 'sie sollten zusammen nicht kommen, das Wasser war viel zu tief'. Die Mutter sah der Entwicklung im Hause Ley wohlwollend entgegen, bald würde es einen neuen Erdenbürger geben, ein kleines Etwas, welches sie umhegen und pflegen konnte. Da die Zeit noch nicht soweit war und das Geschlecht eines Kindes sich nicht vorher bestimmen ließ, kamen Mutter und Tochter überein, dass die Farbe der Wiege neutral sein sollte, ein schlichtes Grün, ein helles Grün, sollte es sein: "Das passt zu einem Jungen wie zu einem Mädchen", wie Frau Ley meinte. Alles war bereit, die Wiege stand in Maries Zimmer, daneben die Wickelkommode und Frau Ley hatte, kreativ wie sie war, ein Foto von Mariechen rahmen lassen, ein goldenes Rähmchen zierte ihr süßes Püppchen und Vater Ley, auf der Rückseite stand's geschrieben in alter deutscher Syterlinschrift "Unser ganzes Glück". Erinnerung an vergangene Zeiten, Frau Ley griff zum Taschentuch. Alles war gerichtet, ein Tag nach dem andern verging, die Nachbarn, die Bekannten, die Verwandten sie alle fragten schon: "Darf man gratulieren?" Nichts tat sich, nichts bewegte sich und Marie lief immer noch mit ihrem mittlerweile unförmigen Körper durch die Gegend, abends wenn sie gegen sieben ihren

Hund ausführte und manchmal schaute sie an sich herunter und sprach: "Warum kommst Du denn nicht?" Keiner wusste so richtig und auch in der Klinik hatten sie gesagt: "Sie müssen kommen, wenn's soweit ist." 'Wann ist es denn soweit', fragte sie sich und die ältere Frauenärztin sagte: "Haben Sie Geduld, das Kind wird kommen, es kommt bestimmt!" Eines Tages in der Früh, gegen sechs, die Fruchtblase war geplatzt, floss es aus ihr heraus, das Wasser, welches ihr Kind behütet und geschützt hatte. Die Nachbarin kam gelaufen, sie kam geeilt: "Marie, Marie, Du musst jetzt, das Kind kommt!" Aber, nichts tat sich, nichts bewegte sich und Marie saß in ihrem Klinikbett oder lief auf dem Flur herum. Worauf ein Arzt meinte: "Das wird aber ein schönes Kind, da wird sich Ihr Mann aber freuen!" "Ich habe keinen Mann", war die Antwort. Mittlerweile war es schon Nachmittag und die Ärzte wollten doch auch, sie dachte ans Wochenende als endlich ein Gerät angefahren kam und sie an den Wehentropf schloss und siehe da, die Wehen setzten ein und unter großem Schmerz wurde ein Wesen geboren: "Das süßeste Geschöpf der Erde erblickte das Licht der Welt!" Ein kleines Mädchen. Nun lag es in ihrem Arm und lächelte sie an und Marie sie konnte nicht anders, tiefe Gefühle überkamen sie, Gefühle, die nicht zu beschreiben sind!

"Es war höchste Zeit", teilte ihr ein Arzt am andern Tag mit, "ihr Kind ist übertragen", ein kleines 'Schrumpelmonster' hatte sie geboren, aus dem sich in den nächsten Tagen und Wochen ein schnuckeliges Baby entwickelte, die eine Bekannte Maries zu der Äußerung veranlasste: "Auf die wirst Du später mal gut aufpassen müssen, das wird mal Eine!" Die, die musste es wissen, denn die hatte unendlich viele. Die frischgebackenen Großmütter kamen und ihr Freund, er brachte ihr rote Rosen, Rosen die so lang waren und für die es keine Vase gab. Die Schwester hatte sie in ein Gefäß gesteckt, welches auf dem Boden an ihrem Bett zu finden war. Jetzt standen sie am Babyfenster, Marie und ihr Freund, zögernd hatte er sie in den Arm genommen und eine Schwester zeigte ihm das kleine Etwas, ihm fehlten die Worte. Er wollte und wollte doch nicht, Professor der Mathematik wollte er werden, die Zukunft würde es zeigen. Marie und ihr Baby, nach vier Tagen schon ging's nach Hause und Mutter Ley hatte zu gegebenem Anlass die Wiege mit einer roséfarbenen Schleife geschmückt, in die die junge Mutter ihr süßes Etwas hineinlegte. Es kam wie es kommen sollte, just zu der Zeit musste Frau Ley ins Krankenhaus, ihr Bein, ein komplizierter Bruch und Marie und ihr Kleines, die Welt, ihre kleine Welt, sie gehörte ihnen beiden allein. Gut fanden sie sich zurecht, alles lief, ab und an kam Ev, ab und an kam ihr Freund, er konnte nicht, so musste Marie. In einem roten Kinderwagen fuhr sie ihre Kleine, ihre erste Spazierfahrt, die sie zu Dr. Busch führte, dem Kinderarzt, der ihr sagte: "Ihr kleiner Wonneproppen, eine Mahlzeit weniger, sonst können Sie die auf dem Jahrmarkt ausstellen!" Alle vier Stunden ging's los, schrie das süße Ding und Marie, die sich auch nicht zu helfen musste, nahm sie dann, stillte es, wickelte ihr Kind und legte es wieder in die Wiege. "Hast Du's gehört", sagte sie auf dem Heimweg zu ihrem Liebling, "ab jetzt ein Fütterchen weniger!" Nach zwei Monaten, Mutter Ley war wieder zu Hause, begann der graue Alltag, die wunderschöne Zeit, die ihnen beiden allein gehört hatte, war vorbei. Frau Ley, wie konnte es anders sein, bereitete das Fest der Taufe. Patenonkel und Patentante kamen, die Großeltern väterlicherseits, Marie und ihr Freund, sie standen am Altar, am Taufbecken und ihr Kind, es wurde auf den Namen 'Larissa Katharina' getauft. Jetzt wurde Frau Ley tätig, sie übernahm die großmütterlichen Pflichten und Marie zog in ein Appartement unweit des

Elternhauses, ging täglich ins Büro und saß abends auf der Schulbank, das Abitur wartete. In der Zeit zwischen Büro und Schule fuhr sie mit ihrer Velo-Solex zu Hause vorbei, nahm ihr Kind in den Arm, küsste und herzte es und fand eine kleine Larissa vor, die sich bestens entwickelte. Das Glück, das Lachen, in ihren Äuglein war's zu finden und wenn sie Marie erblickte, ging's hin und her, mit den Ärmchen, mit den Beinchen, sie wollte auf den Arm, ihre Mami spüren und fühlen! "Die kleine Lara", wie sie ihr Vater zärtlich nannte, eines Tages würde sie wie Mami und Papi hinaus in die Welt gehen, der Weg war bereitet und die Eltern würden ihr dabei helfen.

Diana

Die Eltern hatten ihr diesen wunderschönen Namen gegeben, nach der Göttin der Jagd, der Beschützerin der Liebenden, hatten sie ihre Tochter genannt. Ob sie an später dachten, wenn sie den Kinderschuhen entwachsen war, wenn die jungen Männer interessant wurden, die nach ihr schauten, sie nach ihnen, ob sie daran gedacht hatten, vielleicht hätten sie sie besser Mathilde getauft oder Edith. Denn 'Nomen est Omen' dieser Spruch, er hatte was und vielleicht würde er sich bewahrheiten, eines Tages, vielleicht, wer wusste schon. Die guten Eltern, sie hatten es sicher nicht gewusst. Seit dem mit George Schluss war, sie sich nur noch selten sahen und wenn, es war immer das Gleiche. Wenn er sie berührte wie ein Schlag, wie ein Stromstoß ging's durch ihren Körper und sie konnten nicht schnell genug verschwinden. Im Wald, da kam so schnell keiner hin, aber in der Stadt? Sie hatte wieder ein kleines Appartement und manchmal war auch dieser Weg zu weit und sie liefen in ein Hotel, in eins der billigen Klasse und wenn der Concierge sagte: "Das Frühstück, morgen von 7.30 Uhr bis 10.00 Uhr", antwortete sie: "Wir brauchen keins, in ein paar Stunden sind wir wieder weg." Der Mann, der schaute dann, 'solche sind das also', war auf seiner Stirn zu lesen. George nahm den Schlüssel und schon waren sie verschwunden. Das Hotelzimmer, was konnte man hier schon erwarten, eine vergammelte Bude, alte Matratzen, auf denen schon wer weiß wer gelegen und es getrieben hatte und über dem monströsen Bett hing ein Bild, der Drachenfels mit dem Rhein im goldenen Rahmen, damit auch jeder wusste. Was interessierte sie das, alles lief wie es immer gelaufen war, eigentlich langweilig dachte sie und doch, es hatte was, so schnell kam sie davon nicht los. Wenn George zärtlich wurde, wie ein Meister der Liebe war er, ein Liebeskünstler, er hatte die Schule Amor's besucht, das muss er gemacht haben, dachte sie, denn wie sonst konnte er so unendlich zärtlich sein. Seine Hände, die sie mochte, die sie berührten, erregten, wenn er sie anfasste, ihre erogenen Zonen berührte und dann zu dem Punkt kam, dem Höhepunkt aller Liebenden und Diana, sie lag da, ließ es mit sich geschehen, genoss in vollen Zügen. An sich dachte er nicht, völlig selbstlos, es machte ihm Spaß, es ihr zu besorgen. Manchmal rieb er sein Teil, an ihrem Bauch, an ihren Schenkel, die nass waren und sie merkte, er ist schon, nicht einmal, zweimal, dreimal wie auch sie auf Wolken schwebend von einer zur andern, ein Rausch überfiel sie ähnlich einem Fieberwahn. Es war immer dasselbe, jedes Mal, wenn sie sich trafen. Oft schon hatte sie überlegt wie kommst du da heraus wie ist es möglich, dich dieser Sucht nach ihm zu entziehen, die sie mit der Sucht eines Heroinsüchtigen verglich, der gierig auf die Nadel ist. Ein, zwei Jahre lief das so, dann musst er weg, sein Vater hatte dafür gesorgt und Diana?, sie war froh oder auch nicht. Ein letztes Mal, ein vorletztes, ein vorvorletztes Mal. Zausend Kilometer war er gefahren und sie hatte ihn sehnsuchtsvoll auf dem kleinen

Bahnhof erwartet, irgendwo in den Bergen und alles lief wie gehabt. Ihr Zimmer in der Pension, da konnten sie nicht hin, ihre Freundin war da, sie machten Urlaub und auch durch den kleinen Ferienort wollte sie mit ihm nicht laufen, sie waren bekannt, abends wenn Discozeit war, waren sie auf den ein oder anderen getroffen. Und der Eine, der wartete schon. 'Wem gegenüber bist du verpflichtet?', fragte sie sich manchmal, 'musst du...?' 'Nein, klar, nein!' Ich nehme mir das, was die Jungen und Männer sich schon seit tausenden von Jahren nehmen, warum sollte ein Mädchen, eine Frau nicht auch! Einer hatte es ihr mal gesagt: "Du nimmst die Männer so wie sie es mit den Frauen machen." "Na und!", war ihre Antwort. Ihre Jugend gab ihr das Recht, wenn denn mal später, vielleicht und so, da würde sie, wenn sie auf den Einen getroffen war und sie genügend probiert und ausprobiert hatte. Jetzt lagen sie auf den alten Matratzen in dem Hotel und auch der Concierge hatte wieder gesagt: "Das Frühstück, es ist morgen in der Zeit von acht bis zehn und Diana hatte geantwortet: "Ich wohne in der Pension zwei Straßen weiter." Und wieder hatte der Concierge mit großen Augen geguckt, aber das kannte sie ja. Der Abschied am Abend, er war ihr nicht leicht gefallen, sie hatten sich noch mal in die Arme genommen, immer und immer wieder. George würde sie jetzt für lange Zeit nicht sehen, aber da war die Pension, die Freundin und der lange Typ, den ein Bayer zu der Äußerung veranlasst hatte: "Der ist so lang, der kann das Regenwasser aus der Dachrinne trinken!" Alles nahm seinen Lauf.

Ihre unstillbare Sehnsucht trieb sie an wie ein Motor einen Wagen antreibt mit unendlichen vielen PS, so waren ihre Gefühle, die sie trieben, stark und unersättlich. Sie brauchte keine Stimmulantien, keine Drogen, kein Alkohol, die Sehnsucht war in ihr, sie forderte ihren Tribut, ließ sie durch die Nacht laufen, in Discos, Bars, ließ sie suchen, ihre Jugend, ihr Temperament, alldas war genug, um wieder und immer wieder auf Reise zu gehen, auf der Suche nach Neuem. Das Feuer, welches nicht lange brannte, ein paar Tage, wenige Wochen, wenn sie mal wieder genug hatte und es wieder aus war. Manchmal war ihr, als ob die Atmosphäre eine besondere Luft für sie geschaffen hätte, durch die sie erregt wurde, die sie einatmete, sie einsog, besonders dann, wenn's losging. Die Stunden vorher, das Ritual, wenn sie sich zurecht machte, das Kleid aussuchte, die Pömps, die sie anziehen würde, ihr Make up, mit Kajal schwarz umrandete Augen, wie die Araberinnen sich schminken, das alles würde, ihr Henna schwarz-rot langes Haar, es würde und sollte, es würde atemberaubend sein. Ihre Haut, der Duft, der sie umgab, nach Patschouli riechend, sinnlich und frivol. Alles sollte, es sollte locken, aber da war auch der Widerspruch, der war in ihr, sollst du oder sollst du nicht?, einen Freund haben, eine Freundin, in festen Händen sein, für wie lange, willst du? oder ist die Jagd, die Eroberung nach dem ewig Neuen interessanter, viel interessanter? Fragen, die Diana in ihrem Herzen bewegte. Sie war doch noch jung, unendlich jung und die Jugend gab ihr das Recht. Dass sie jemals verletzte, wen?, darauf kam sie nicht, verschwendete keinen Gedanken daran. Sie trieb, ließ sich treiben wie ein Blatt im Wind. Die Lüfte der lauen Sommernacht, sie sprachen die Worte der Liebe und kühlten ihren in der Glut der Sonne erhitzten Körper, trockneten ihre nassen Schenkel, zwischen den Beinen ihr Teil, welches keine Ruhe gab, immer wieder und wieder, wollte es angefasst, befriedigt werden. Wenn sie durch die Straßen ging, ihr die Gedanken kamen, ohne Höschen daher lief, ihre Schenkel aneinander rieben, suchte sie Schutz vor den Blicken, eine stille Ecke, ein sanftes Streicheln, schon war's vorbei. Sie liebte sich, liebte ihren Körper, schaute in jeden

Spiegel, der sich ihr bot und fragte sich: "Wer bist du?" Ein Narziss, eine femme fatal, eine, die den Männern Unheil bringt?" Ihr Körper, der gab die Antwort. Sie hatte keinen, der fraulich geformt war, ihre Brüste waren klein und fest und auch ihr Becken, die Beine, mädchenhaft, das war kein Körper, der Nacht für Nacht durch die Kneipen zog, der die Konstitution hatte, durchhalten konnte und dennoch... Ihren Weg, lange würde es dauern bis sie ihn finden würde, "wie lange?, unendlich lange!", war die Antwort. Sie lief die große Straße hinunter vom Bahnhof zum See, George war jetzt mit dem Zug auf dem Weg zurück, sie würden sich nur noch selten sehen und Diana, sie war auf dem Weg in die Pension. Sie traf auf Ines: "Wo warst Du?", war ihre Frage. "Habe George getroffen, der ist zurück nach Hamburg, für's Erste ist's aus." Ines, ein maskuliner Typ, eine dunkelhäutige Schönheit, samtene Haut, rehbraune Augen, die feurig blitzten, und die Welt neugierig, wissbegierig, fordernd anblickten, für die Männerwelt eine immer während Herausforderung wie ihre zahlreichen Affären bewiesen. Sie war unruhig, triebsam, suchte, suchte ebenfalls. Am Tag lag sie am See in der Sonne, rauchte und las in einem ihrer Bücher, Anäis Nin, Henry Miller, Simone de Beauvoir, Jean-Paul Sartre, Emile Zola. Ihre Bücherwelt gab sie ihr, wonach sie in ihren Träumen suchte? In ihrer Jugend wurde sie verletzt, sie hatte zu verarbeiten, dass was in eine kleine Seele wie in heißen Wachs eingebrannt wurde, das Leid, den Schmerz, den sie in sich trug. War das der Grund warum sie unstet war, suchte? Die philosophischen Gedanken, wer sollte sie beantworten, ein Arzt, ein Psychoanalytiker? Jetzt hatten sie sich getroffen, in einem Büro waren sie sich begegnet. Gestern Abend als sie im Bett lagen, aufgewühlt waren, griff Diana nach Ines, die aus der Dusche gekommen war, jetzt war ihr danach, sie griff nach ihr, wurde zärtlich, langsam, ganz langsam. Sie küssten sich, berührten sich gegenseitig, ihre Brüste, an denen sie lutschten und saugten, ihre Finger, die berührten, die den Körper streichelten, die Scham, das kleine Etwas zwischen den Beinen, das tropfte. Ihr Lacken, welches nass war vom Saft der Liebe, die Wollust, beide, waren sie für die Liebe geschaffen. Ines legte sich auf Diana, ihre Becken schmiegten aneinander, Becken, die rieben und pressten, ihre Finger, die suchten und fanden und das Feuer löschte, welches zwischen ihren Schenkeln brannte. An Tagen, wenn's draußen geregnet hatte, kalt war, sie durch Wald und über Wiesen gelaufen waren, liefen sie ins kleine Bad nebenan. Im wohlig warmen Wasser, von Schaum umhüllt, trieben sie es, kamen, immer und immer wieder, um endlich müde und ermattet ins Bett zu sinken. Die Fenster waren weit geöffnet und die gute Luft, die Luft der bayerischen Seen und Berge drang ins Zimmer. Ihr Weg, lange Zeit würden sie ihn gemeinsam gehen, gemeinsam und doch allein, wenn wieder einer daher kam, der interessant war, denn ohne, das konnte keine von beiden. Wo sie hinkamen, 'erschienen', die Männerwelt, sie lag ihnen zu Füßen.

Gestern am See waren sie auf zwei Typen getroffen, gutaussehend, jovial, auf solche, die mit den Augen nehmen, sie anmachen, auf solche, die sich nicht anstrengen mussten, die schnell und ohne Mühe Erfolg haben, Frauen, die darauf warten auf den einen, der sie eines Tages und so... jetzt waren sie auf Ines und Diana getroffen. "Habt Ihr Lust?, unser Boot, eine kleine Yacht, wollt Ihr, wie wär's mit einer Fahrt über den See?" Am nächsten Tag liefen sie zur verabredeten Zeit zum See, just for fun, gutaussehend, von der Sommersonne gebräunt in alten zerrissenen Jeans, ein Fummel bekleidete ihre Brüste, ließ erahnen, welch gut gebaute Figur in ihnen steckte, ein Körper, für die Liebe gemacht. Wollten sie, wollten sie nicht?!, sie wussten nicht richtig. Ein weiterer schöner Ferientag, die Sonne, sie schien, meinte es gut, "wenn's zu heiß wird, können wir nach unten...". Sie zeigten auf die kleine Kajüte, die kleine Liebeslaube, hier hatten sie vor mit den beiden Mädchen zu verschwinden, nachher. Als sie die Insel erreichten, das Boot ankerte, sprach Ines: "Ich muss irgendwohin." "Komme mit!", antwortete Diana. Der Boden, den sie unter ihren Füßen spürten, gab ihnen Halt, genügend Halt, um sich von den Typen zu entfernen. Sie hatten genug von denen, die immer wollten. Die Typen, die nicht die ihren waren, die mit jeder, die wollte und sie beide, Diana und Ines, sie wollten nicht. Die Männer, die daher kamen, wir und überhaupt! Ihre Welt war anders, ihre Welt sprach die Worte Hermann Hesse's, eine Welt, liebevoll, romantisch, rein und zu sensibel, um gequält und betrogen zu werden. Diana, ihr kapriziöses Verhalten, die unerreichbar schien, die wie ein Chamäleon die Farbe wechselte und Ines, die in einem innigen Miteinander, in einem umschlungenen Beisammensein ihre Mitte, ihre Erfüllung und Befriedigung fand. Zwei junge Frauen, die sich gesucht und gefunden hatten. Ähnliche Schicksale teilten sie, die nahe am Wahnsinn, wenn ihr Gefühl der Einheit durch Krankheit, Abschied, Verlassen werden, Tod oder Trauer zu zerbrechen drohte. Die Typen, die passten nicht in ihre Welt, die anders waren und Ines sagen ließ: "Lange haben die auf uns nicht gewartet!" Jetzt waren sie auf der Insel, saßen in einem Café, sahen in der Ferne die wunderbare Bergwelt, den See und bewegten sich wieder in ihrem eigenen Ich. Diana in ihrer Welt der tausend Seelen, die viele Sprachen spricht und Ines in einer Welt vom Schicksal, vom Drama der Phantasie, des Gefühls begleitet, ohne Dynamit, ohne Explosion, in sich selbst verstrickt. Ab und ab brodelte es heftig, spie der Vulkan, Lava, heiße Lava, brach es aus ihnen heraus, dann wenn wieder alles zu zerbrechen drohte, eine Liebe, eine Leidenschaft, die sich dem Ende neigte. Ihre Zukunft wie würde sie sein, was hatte das Leben mit ihnen vor?, unbewusst fragten sie das, Tag für Tag, jede für sich, gemeinsam und doch allein. Sie hatten viel vor, unendliches war in ihrem Kopf, stand in den Sternen, ihren Weg dahin hatten sie bereits beschritten, er gab ihnen Hoffnung und Zuversicht auf ein Leben gefüllt wie eine Obstschale, heimische Früchte, exotische Früchte, die wollten sie essen, genießen, Tag für Tag und Nacht für Nacht. Diana und Ines.

In Prien, dem kleinen Ort am See, hatten sie eines Tages an einem Kioks von dem Schlosskonzert auf Herrenchiemsee gelesen, 'Ein Sommernachtstraum mit Klängen von Johann Strauß im Spiegelsaal des barocken Schlosses', das Schloss Ludwigs II. Der Märchenkönig, dessen Vorbild Louis XIV. war, der Sonnenkönig von Frankreich. Ines hatte zwei Karten gekauft und in ein paar Stunden war es soweit. Heute hatte es den ganzen Tag geregnet, sie hatten auf dem Bett gelegen, gelesen, sich über dies und das unterhalten und waren zu dem Punkt gekommen, dass das mit den Männern, dass das nicht einfach werden würde, wenn sie überhaupt im Leben auf den Einen treffen sollten. Gleich mussten sie los. Ines war in ihr kleines Schwarzes gestiegen, Diana hatte ihr bunt Geblümtes angezogen, ein Blick in den Spiegel und schon waren sie aus der Tür. Von ihrer Pension aus hatten sie es nicht weit, direkt und sofort waren sie im Schwimmbad, im Ort und zur Uferpromenade, gerade mal auf die andere Seite. Das Wetter, es regnete es immer noch. Diana hielt den Schirm, Ines hakte sich ein, sie liefen über die Straße und erreichten den Steg. Luitpold I. wartete bereits und brachte die Feriengäste auf die Insel die, die an klassischer Musik, Kunst und Barock interessiert sind, denn heute Abend, gleich würden sie sich von der Welt Ludwigs II verzaubern lassen, eine Märchenwelt erleben, die nirgends auf der Welt zu finden ist. Das Schiff hatte den Steg verlassen und bewegte sich durch die leichten Wellen, es dämmerte und nach und nach brach die Nacht herein. Über dem See lagen dichte Wolkennebel, unheimlich und romantisch zugleich, der Auftakt zu einem unvergessenen Erlebnis. Der Dampfer näherte sich der Insel, der Welt Ludwigs II, die zeitlebens für den Monarch eine Welt wie in Nebel gehüllt, beseelt war von der Anmut und Schönheit des Lebens, eine Märchenwelt, in der der König lebte, und die sich in seinen Schlössern heute noch offenbart. Als das Schiff anlegte, sie die Insel betraten, war es bereits dunkel, tiefe Nacht, kein Licht weit und breit, sphärische Umrisse und das Schloss in der Ferne. Der Kapitän hatte sie wissen lassen, dass es auf Herrenchiemsee kein Licht gibt, das Licht der Jahreszeiten und der Sommer neigte sich dem Ende. Schwarze Kutschen mit Fackeln warteten am Steg, sie leuchteten ihnen voran und brachten sie zum Schloss, zu einem Schloss, welches jetzt vor ihnen lag, märchenhaft und von einem Zauber abseits der irdischen Welt. Eine unheimliche Stille war zu hören, kein Laut zu vernehmen als sie den Spiegelsaal betraten, der im Lichterglanz von aber tausend Kerzen erstrahlte und sich in den juwelengleichen Kristallen widerspiegelte. Ein Saal von unendlichem Glanz und unendlicher Pracht präsentierte sich ihnen, der in der wunderbaren Musik von Johann Strauß seinen Höhepunkt fand, die Vollendung des Zaubers der Märchenwelt Ludwigs II.. Still und ergriffen saßen sie da, Diana und Ines, lauschten den Klängen der Musik, hörten und genossen, die Welt des Märchenkönigs hatte auch ihre Welt berührt. Der Märchenkönig, welcher zu Lebzeiten sich den schönen Künsten widmete, prosaische Schriften las, sich an Körpern formvollendeter Knaben erfreute, der ein Freund Richard Wagners war, sein Gönner, sein Mäzen, der die Nacht zum Tag machte, der Mondkönig, der dann, wenn alles schlief, erwachte, abgeschieden von der Welt, die ihn nicht verstand, um in dem ihm eigenen Sein zu brillieren. War das der Grund warum er im Alter von Anfang vierzig starb, sterben musste? Geschichten über Geschichten ranken um seinen Tod, die Wahrheit über sein Ende, die Welt wird sie nicht mehr erfahren. Seine leiblichen Überreste wurden in der Familiengruft der Wittelsbacher in der Michaelskirche in München beigesetzt und seine Seele, sein Herz, nahmen sie ihm, schnitten es aus ihm heraus, aus seinem Körper und töteten ihn ein zweites Mal. Sein Herz, es fand in der Gnadenkirche von Altötting die letzte Ruhe, eine Ruhe die für Ludwig II. während seines Lebens in der Welt nicht zu finden war. Zu Lebzeiten wie im Tod war es dem Märchenkönig nicht vergönnt so zu sein, so zu leben wie es ihm von einem anderen, einem höheren Wesen bestimmt war!

Der Urlaub neigte sich dem Ende, die schöne Zeit, die sie hier verbrachten, sie war vorbei. An einem Mittwochmorgen in der Früh standen sie mit ihrem Velo-Solex auf dem kleinen bayerischen Bahnhof, gleich würde der Zug kommen und sie wieder nach Hause bringen.

Jesu Maria

"Wie findest Du den?", fragte Carla, "Weiß nicht", war die Antwort. Jeden Mittwochabend kamen sie hier her, wenn die Zeit es erlaubte, dann wenn Salsa getanzt wurde, die interessanten Typen kamen. Deutsche, Spanier, Anglo-Amerikaner, die vom süd-amerikanischen Kontinent, wenn heiße, rhythmische Klänge gespielt wurden und sie tanzten, ihre Körper sich zum Klang der Musik bewegten, aufreizend, heiß und anmutig zugleich und Babette zu Carla sagte: "Wenn ich doch auch nur wie die tanzen könnte." "Kauf Dir eine CD, stell Dich zu Hause vor den Spiegel und üb, Du wirst sehen, auf einmal kannst Du das auch", antwortete die Freundin, die sie nur mittwochs traf. Das Gespräch war verstummt und sie beobachteten wieder die Tanzfläche, lauschten den spanischen Liedern, manchmal summte Babette vor sich hin, der Song, der war wieder, sie war kurz davor..., das war zum Ausflippen, unruhig rutschte sie auf dem Barhocker hin und her, 'nur zu dumm, dass ich nicht so. Aber die Idee mit dem Spiegel, die ist gut, sie würde üben und beim nächsten Mal, konnte sie auch.' Sie lauschte wieder den Klängen, war verzückt, war in einer anderen Welt, die Atmosphäre, die exotischen Typen, Männer, Frauen jeden Mittwochabend, sie konnte es kaum erwarten und sagte sich Sonntagabend, wenn sie die kommende Woche überdachte, 'Mittwochabend geht's wieder los'. Das Büro am andern Morgen, wenn sie erst vor ein paar Stunden nach Hause gekommen war, ihre Kleider, die nach Zigarettenrauch mieften, ihr Kopf, dem der nächtliche Sauerstoff gefehlt hatte, wenn der Wecker um sechs klingelte, in dem Moment, wenn sie hier am Tresen saß, hatte sie alles andere vergessen. So fasziniert war sie, waren sie beide, das hatte was, war außergewöhnlich. Carla erging's ähnlich. Sie suchte, 'aber hier?', Babette hatte aufgegeben, sie dachte nicht daran, 'aber, wenn nicht hier, wo denn?', fragte sie sich. Sie wusste auch keine Antwort. "Wie findest Du den?", fragte Carla wieder, "sagte ich doch bereits, ich weiß nicht, der ist nicht so meins!" Als Carla ihn ansprach und fragte: "Du tanzt sicher gut, Du kannst das!" In dem Moment drehte er sich um, lächelte, ein Lächeln, blitzte mit seinen Augen, die Augen, das Gesicht, das schwarze Haar, alles an ihm war... und Babette dachte wieder: 'Der ist nicht so meins, der ist super, der kann nichts dafür!', und um Carla, um die war's geschehen. "Woher kommst Du?", fragte sie ihn. "Havanna", war die Antwort. "Und was machst Du hier?" "Studieren, chemistry, mein Deutsch, Entschuldigung." "Macht nichts!", sagte Carla: "Verstehe. Du bist das erste Mal hier?" Er nickte mit dem Kopf und Babette dachte: 'Wenn er schon öfter hier gewesen wäre, hätten wir den sicher bemerkt, so wie der aussieht.' Das mit den gutaussehenden Männern, das war auch nicht so das, die konnten jede haben und der hier, der war nicht nur gutaussehend, der war…, ihr fehlten die Worte, der kam schon mal gar nicht in Frage, 'aber eigentlich ist es doch egal wie einer aussieht' sagte sie sich, 'ob schön oder nicht, Mann ist Mann und wenn überhaupt, die müssen noch ganz andere Qualitäten haben!' Carla hatte es geschafft, er hatte sie aufgefordert, sie waren zur Tanzfläche gelaufen und Babette schaute neugierig. 'Der kann das und wie der tanzt, männlich, souverän, anmachend, auffordernd und doch zurückhaltend, einfach heiß und nach mehr verlangend. Ihre Augen, sie konnten von ihm nicht lassen und auch die andern, die an der Tanzfläche rum standen, die hatten bemerkt, das ist einer, der kann das. Das Fluidum, die Ausstrahlung, die von ihm ausging, Babette wettete, 'der hätte heute Abend alle, wenn der aufgefordert hätte, sie wären alle mitgegangen, nur sie nicht!' Als die Band eine Pause machte und sie wieder an der Bar saßen, fragte Carla forsch und schon ein bisschen hemmungslos, wie Babette meinte, "Wie heißt Du?" "Jesu Maria", war die Antwort. "Jesus und Maria?" "Non, non, listen, Jesu Maria!" Jetzt schluckten beide, der Name, der passte, den hatten sie noch nicht gehört und Babette fragte sich: 'Wo gibt es den denn?' Die Uhr zeigte nach eins, die Band hatte aufgehört zu spielen, der Barkeeper säuberte den Tresen und sie saßen immer noch da, Jesu Maria, Carla und Babette. Als Carla einen Bierdeckel nahm und ihre Telefonnummer aufschrieb und sie ihm gab: "Für Dich, würde mich freuen, wenn Du mal anrufst." Jesu Maria war denn auch aufgestanden, hatte den Bierdeckel genommen, sich höflich verabschiedet und war verschwunden. "Wie findest Du den?", fragte Carla wieder. "Wie oft soll ich's Dir denn noch sagen, der ist nicht so meins!" Sie bezahlten, stiegen vom Barhocker, liefen die Treppen hoch zum Ausgang und waren wieder auf der Straße. Babette holte tief Luft, die hatte ihr in dem Kellerloch gefehlt und stieg in's Auto. "Dann bis nächsten Mittwoch, wünsch Dir was", verabschiedete sich Carla. Es war immer dasselbe, Dienstagabend klingelte das Telefon: "Wie ist es mit morgen Abend? hast Du Lust? solln wir?" "Dann um halb zehn in der Pianobar, ciao", Babette legte den Hörer auf die Gabel und fragte sich: 'Was ziehe ich an.' Für Carla war das keine Frage, die hatte soviel, wenn sie ihr Appartement betrat, Kleider über Kleider, die hingen an der Toilettentür, im Flur und ihr Schrank, der ließ sich schon lange nicht mehr schließen.

Ob Carla Jesu Maria getroffen hat, ob er mit ihr ausgegangen ist, sie zusammen getanzt haben, Rotwein getrunken, ob sie im Bett verschwunden sind, Babette hätte es so gerne erfahren, die Frage, auf die erhielt sie keine Antwort. Gleich war Büroschluss und dann wollte sie, sie hatte einiges zu erledigen, sie musste in die Stadt und bei der Gelegenheit wollte sie in ihre arabische Boutique gehen und schauen, was es Neues gibt. Da wo sie ihr Henna kaufte und eines Tages war es über sie gekommen, einfach so, nahm sie das Henna aus dem Regal und steckte es in ihre Tasche. Die Besitzerin hatte das bemerkt, aber..., Babette war eine gute Kundin, die kaufte, die wunderschönen Blusen in purpur-rot, in schwarz, in dunkel-lila, die samtenen, die mit kleinen Spiegeln bestickt waren und das Highlight, ein schwarzes Cape mit goldener Bordüre, das trug sie, wenn sie ausging, sich ein Taxi bestellte, denn alles in allem ging es ihr gut. Ihr Klavier, so hatte sie eines Tages beschlossen, das stand so in der Ecke, 'eigentlich ein überflüssiger Kauf' und nur um es zu haben, weil es sich so gut in ihrem Appartement machte wie ein schönes Möbelstück oder wenn sie einer besuchte, der dann darauf herumklimperte, 'das muss nicht sein'. Und so kam sie zu dem Entschluss, ein kleines Auto sei die bessere Wahl, mit dem sie überall hinfahren konnte und die teuren Taxifahrten hatten ein Ende. Alles auf einmal, so wie sie es vor hatte, Job, Studium, Klavier lernen, die Affären, irgendwie wollte das nicht richtig: 'Ist auch alles ein bisschen viel', sagte sie sich, 'Du musst Prioritäten setzen' und mit dem Klavierverkauf wollte sie beginnen.

Im Büro hatten sie gesagt, Herr Rausch, der vom Versand, als sie ihre Bluse trug, die mit den Spiegelchen, die einen großen dreieckigen Ausschnitt hatte: "Die steht Ihnen aber, damit können Sie... und Sie, Sie haben doch jeden Tag Karneval!" Und die Frau Witt, die Buchhalterin, die im Zimmer nebenan saß, die aus der DDR gekommen war, geschieden, die mit der Träne im Auge, die immer ein bisschen traurig in die Welt blickte, hatte gemeint: "Meinen neuen Bekannten, den ich in der Kur kennengelernt habe, den werde ich Ihnen bestimmt nicht vorstellen." 'Warum sollte sie auch, was habe ich mit dem Bekannten von der Frau Witt zu tun?', fragte sich Babette. Eigentlich ein netter Verein der Brauerbund wie eine große Familie waren sie, aber die Abteilung im Erdgeschoß, die war altbacken und verschroben und der, für den sie arbeitete, der alles organisierte, der war, na ja, der hatte es auf die junge Frau von nebenan abgesehen. Beide waren verheiratet und sie hatte sich schon gefragt, 'wie geht das denn'. Eines Tages hatte sie den mit der Kollegin händchenhaltend in der Stadt getroffen, so war das also damals, sagte sie sich. Die Kollegen der ersten Etage, die waren anders, weltoffen, hatten was, da saß die ein oder andere nette Kollegin, mit denen kam sie gut klar, mit denen verbrachte sie öfter die Mittagspause, für die war sie das Kücken im Job und die ließen sie wissen: "Ihnen steht die Welt offen, Sie werden noch viel erleben und dann Ihr Aussehen, wie Sie daher kommen, Ihr Gesicht, Ihr schönes Haar." Die eine brachte es auf den Punkt: "Wie eine Madonna!"

Bei ihren wöchentlichen Einkäufen in der Stadt folgte sie ihrem Ritual, ihr roter Cinquecento de luxe parkte in der Garage am Markt, sie lief die Straße hinunter zu dem großen Platz, da war das Kaufhaus, da schaute sie, ob der ein oder andere Fummel, ob der in ihrer Kleidersammlung fehlte, dann das Münster, da saß sie vor dem Heiligen, der für alle Fälle, der bringen würde, was fehlte, wenn sie nur oft genug hier saß und das tat sie und dann zu guter letzt das Kaffeehaus und jetzt, sie traute ihren Augen nicht, traf sie auf Jesu Maria. Hinten in der Ecke saß er, umgeben von Seinesgleichen, seinen Landsleuten, alles schaute auf ihn wie er redete, sich gab und Babette dachte, der sitzt da wie Jesus von Nazareth mit seinen Jüngern. Sie hatte sich abseits gesetzt, ihren Capucchino, den Kuchen der Jahreszeit bestellt, mal Erdbeer-, mal Pflaumenkuchen, mal Käsesahne und beobachtete die hintere Ecke. Plötzlich löste sich die Runde, brach auf, allen voran Jesu Maria und seine Jünger, die ihm folgten. Jetzt hatte er sie gesehen, blieb stehen und sagte: "Hallo! Darf ich?", fragte er ein wenig schüchtern und platzierte sich neben Babette. Er bestellte einen Kaffee und rauchte. "Wie geht's?", fragte er. "Möchte Dich, wenn Du willst", sprach er in gebrochenem Deutsch: "Zu Rotwein einladen, vielleicht kommst Du mal zu mir, ich wohne in Weiherstraße, weißt Du. Komm, wenn Du willst, bin zu Hause, abends!" Er hatte ihr die Telefonnummer seiner Wirtin aufgeschrieben, die Hausnummer und jetzt lag's an ihr, ob sie wollte. War dann aufgestanden und gegangen und hatte eine zweifelnde Babette zurückgelassen.

Gedankenversunken verließ sie das Café, 'Jesu Maria', der Wahnsinnstyp, war ihr begegnet, hatte sie eingeladen. Babette, sie zweifelte, 'sollst du, sollst du nicht?' Auf der einen Seite wollte sie, auf der andern, der kam aus Havanna, ein Exot, und wer weiß, 'was der noch alles drauf hat'. Ihre Erziehung und dann die Klischees über die aus fernen Ländern, wenn sie ihn besuchen würde, musste all das, es musste heraus aus ihrem Kopf, ob sie das schaffen würde, sie zweifelte. Und sein Aussehen, 'der ist nicht so meins', dachte sie wieder. Sein schönes Gesicht, das männliche Oval, seine übergroßen blitzenden Augen, sein Lachen, seine Zähne, das volle dunkle Haar, die athletisch große Figur, wenn er sprach, seine Gesten wie er sich ausdrückte, ein Mann, der alle Parkette der Welt betrat, betreten würde, sich benehmen, sich bewegen konnte, der sich im Tanz ausdrückte, eine männliche femme fatal, wie sie beobachtet hatte und Babette, sie sollte ihn besuchen, damit sie für alle Zeit 'gezeichnet' war, intuitiv ahnte sie das. Sie dachte an die Frauen, die dem Zauber, der Anziehung, der Magie des Orients verfallen sind wie einer Sucht, die Mann und Kind verlassen, um ihrem Guru zu folgen. Eine hatte zu ihre gesagt: "Er hat mir alles genommen, ich musste, ich konnte nicht anders, an seiner Seite zu sein, dafür habe ich alles gegeben!" Sie dachte an die Worte des arabischen Propheten Khalil Gibran: "Wenn die Liebe lockt, folge ihr, sind ihre Wege auch steinig und schwer!" Eine Nacht wollte sie darüber schlafen, morgen konnte sie immer noch. Am andern Tag, nichts hatte sich geändert, die gleichen Gedanken, die Zweifel, sie waren immer noch da. Anfang zwanzig, wenn sie mit dem, der würde Spuren in ihrer Seele hinterlassen, Schmerzen wie Momente des Glücks, die sie ein Leben lang zu tragen hatte. Ein Typ, der Frauen an den Rand des Wahnsinns trieb, höchste Höhen aber auch tiefste Abgründe, sie ahnte, all das war ihr vor Augen und das sollte sie wagen? Ein Tag Bedenkzeit, dann wollte sie oder auch nicht.

Jesu Maria. Der Bürotag war beendet, die Pflichten des Tages hatten sie vergessen lassen für einen Moment, für einen Augenblick doch dann war ihr als ob sie müsste. Sie wurde gezogen von einer Kraft, von einer Magie, der Zauber der andern Welt, er hatte sie erreicht. 'Und jetzt!' Das Gefühl es wurde stärker und stärker, wuchs, sie musste, machte sich frisch, griff nach dem neusten Fummel, stieg in ihr Auto und fuhr los. Die Weiherstraße, endlich war sie angekommen, parkte ihren kleinen Fiat und klingelte. Eine rundliche Frau öffnete die Tür: "Ich weiß nicht, ob Herr Jesus zu Hause ist, warten Sie." Sie klopfte an seine Tür, Babette hörte wie der Schlüssel im Schloss gedreht wurde, er öffnete und erschien, der Wahnsinnstyp, in kurzen Shorts, barfuss, ein weißes Hemd, leicht geöffnet, sein brauner Körper, sein langes Haar verzaust, hing ihm im Gesicht, verschlafen blickte er sie mit seinen schönen Augen an: "Komm", sagte er und schloss hinter ihr die Tür. "Setz Dich" und zeigte auf den Stuhl, der im Zimmer stand. Das spartanisch eingerichtete Zimmer, ein Schreibtisch, ein Bett, ein kleiner Tisch, ein Schrank und in der Ecke ein Klavier. "Habe eingekauft", waren seine Worte. Er lief zum Kühlschrank, der auf dem Flur stand, brachte Baguette, Käse, Tomaten, Oliven und goss Rotwein in zwei Wassergläser. "Wissen Deine Eltern Bescheid?, oder sollen wir anrufen?" "Ich bin doch schon..." war ihre Antwort. Was jetzt kam, was sie jetzt erlebte, sollte für alle Zeit, war wegweisend, sie hatte geahnt. Jesu Maria, er erzählte aus seinem Leben, welches nur ein Jahr mehr als ihres war, er sprach und sprach doch nicht, war weiter, viel weiter, hatte gelernt, erfahren, hatte mehr begriffen als sie, viel mehr und sie hing an seinen Lippen wie eine Schülerin, die ihrem Meister zuhört, der sie lehrt, von dem sie lernen kann und der sie auf einen Weg führte, von dem sie in ihren Träumen ferner Welten geahnt hatte, dass es solch einen Pfad gibt. Die Faszination, die von dem Typ ausging, wuchs und versetzte sie in einen zustandsähnlich Rausch, eine Leidenschaft ergriff sie, der sie sich nach und nach hingab wie eine Obsession, die sie in der Hand hielt. Ob er wusste, ahnte, was er angerichtet hatte? Wie er sie in späteren Jahren wissen ließ, wusste er sehr wohl, wie es um ihn stand, was er anrichten konnte, welche Kraft, welche Anziehung, welche Ausstrahlung von ihm ausging. 'Wer ist er?', fragte sich Babette, 'Ein Gott, ein Teufel?' Sein Gesicht gab die Antwort, es war das Gesicht eines Mannes, der sowohl als auch, er konnte, reden prophetengleich und handeln, manchmal fragte sie sich, ist das der Typ, den du getroffen hast? Jesu Maria, auch er war auf der Suche, sein Weg war noch lange nicht abgeschlossen, würde es niemals sein, sein Ziel, das hatte er klar vor Augen. Das Ziel eines Mannes, der sich unendliche Höhen gesteckt hatte mit den Worten: "Hinter diesem Berg gibt es noch ein Berg und noch ein Berg!" Den Zenit erreichte er eines Tages in einem fernen Land, weit weg von der Weiherstraße, Jesu Maria.

Trunken vor Liebe war sie als er in sie eindrang, hemmungslos und besitzergreifend, sein steifes Glied, immer und immer wieder und sie da lag, es mit sich machen ließ, für einen Moment, einen kleinen Moment hatte sie gedacht, aber ein Macho, ein kubanischer Guerillero? Enttäuscht war sie, tief enttäuscht und eine Träne lief über ihr schönes Gesicht als er sich von ihr abwandte, sich umdrehte und einschlief. Das also war Jesu Maria. War das der Wahnsinnstyp, den sie in der kleinen Bar getroffen hatten, der konnte, immer und immer wieder und der die Frauen nahm, der sich beweisen musste, dass er..., der aber von Frauen, in ihrem Kopf drehte es sich, 'der hat von

Frauen keine Ahnung! Ein Schwanz, ein Loch, mehr weiß der nicht.' Am andern Morgen, gegen sechs, bereitete er das Frühstück, pflichtbewusst war er aufgestanden, eine Kraft zog ihn, ein Wille, der ihm sagte, was zu tun ist. Und Babette zog ihren Fummel über, trank den Tee, den er ihr hingestellt hatte und war aus der Tür. "Bis auf ein Telefonat", hatte sie sich verabschiedet. Sollte sie den noch einmal, sollten sie sich noch mal treffen, sollte sie sich das antun? Der schöne Wilde, der in einem Land geboren wurde, in dem die Frau dem Mann gehorchte wie vor hundert Jahren, vor zweihundert, 'das kann ich nicht', sprach sie zu sich, 'unsere sind denn da doch weiter, wenigstens die, die ich kenne!' Wunderschöne Nächte hatte sie erlebt, voller Zärtlichkeit und Liebe bis in den frühen Morgen, befriedigt und gestärkt war sie aufgestanden und in den Tag gestartet. Liebe, die ihr Kraft gab und Hoffnung, kein Sex wie letzte Nacht, brutal und unbefriedigend. Im Puff ist der richtig. 'Der weiß es nicht besser', sprach sie zu sich, 'das ist ein Exot, einer der domestiziert werden muss', sollte sie sich das antun?, fragte sie wieder. Eine neue Erfahrung, desillusionierend und doch, 'der Typ hat was!' So schnell wollte sie sich von ihm nicht verabschieden. Bei einer ihrer nächsten Treffen ließ sie ihn wissen: "Das mit dem Sex und so, ich weiß nicht... Frauen haben doch, da gibt es ein Vorspiel, ein Hauptmenue und ein Dessert!" "Ich weiß", er lachte, "zeig Du mir!" So nach und nach wurde er besser, klappte es, hatte auch sie was davon. Aber dennoch, es gab zuviel, viel zu viel Ungereimtes, Verständnisschwierigkeiten, er kam aus einer andern Welt, eine andere Zivilisation, eine fremde Kultur, fern der ihren, schön und interessant, für kurze Zeit, für ein paar Wochen, Monate, aber für den täglichen Gebrauch? Ein Macho. Eines Nachts hatten sie mal wieder gestritten, heftig und ordentlich war es aus ihr herausgebrochen, die Nachbarn hatten schon an der Tür geklopft und zu guter Letzt, hatte sie mal gerade so ihm ordentlich eine verpasst, mit der Hand in sein schönes Gesicht. Versteinert hatte er da gesessen als es aus ihm herausbrach und er ihre Hände festhielt: "Du wagst es, mich zu schlagen, eine Frau! Mach das nicht noch mal. Meine Ehre, meine Würde, in meinem Land..." In seinem Land, sie wusste, aber da waren sie nicht. Und das leidige, ewige Geldthema, Babette verdiente und hatte keine Lust, einen Mann auszuhalten, was ihn eines Tages auf die Idee brachte: "Wir könnten doch heiraten, Du verdienst doch ganz gut." Das Fass, es war übergelaufen, jetzt war's genug. Kurzerhand teilte sie ihm mit: "Das kommt für mich nicht in Frage, ich heirate Dich nicht, eines Tages bist Du eh weg und ich sitz da und außerdem möchtest nicht nur Du studieren, ich mach auch eine Ausbildung, sieh zu wie Du klar kommst!" Deutliche Worte, die Verhältnisse waren endlich geklärt und ihre Liebe, die plätscherte dahin, eigentlich war sie doch in ihn verliebt, aber ihr Verstand, er hatte gesiegt!

Über Jahre, Jahrzehnte hinweg blieben sie verbunden, so schnell konnte sie ihn nicht vergessen, zu tief, allzu tief waren die Erinnerungen, die Momente, die schönen, die traurigen, wenn es mal wieder aus ihr herauskam, weil sie mit ihm überfordert war, Welten sie trennten, Ozeane, die tief waren, sie ihn nicht verstand, verstehen konnte, ihren Macho, ihren Guerillero, ihren schönen Exot! Eines Tages erfuhr sie, hatte sie gelesen, irgendwo, und sie dachte an die Worte: "Den, den die Götter lieben, den nehmen sie früh!"

Fräulein Fink und Fräulein Vogel

"Da gehen sie, die ehrenwerten Fräuleins", sprach die Mutter zu ihrem halbwüchsigen Sohn, dem jungen Manuel, "wenn wir die nicht hätten, um die Gemeinde wär's nicht gut bestellt. Tag und Nacht sind sie dem Herrn Pfarrer zu Diensten und sorgen dafür, dass in der Kirche alles seine Ordnung hat. Sie wienern den Altar, häkeln und stricken, wienern die Heiligenfiguren, die Kreuze und dass bei dem Heiligen Antonius immer eine Kerze brennt, dafür ist Fräulein Vogel verantwortlich. Schlicht und dezent gekleidet, in schwarz, wie's sich gehört, und ab und an, bei festlichen Angelegenheiten trägt Fräulein Fink ein weißes Krägelchen, gestärkt und gebügelt, zu Weihnachten und zu Ostern. Und Fräulein Vogel, über die kann nun wirklich keiner was sagen, eine Hochwohlgeborene ist sie, die trägt ihren Rosenkranz sogar um den Hals, damit sie immer bei ihm ist, nah beim Herrn." Manuel schaute seine Mutter von der Seite an: 'Lass sie reden', dachte er, 'die blickt eh nicht durch, wenn die wüsste'. Er sah die Sache anders. Er hatte seine Stöpsel aus dem Ohr genommen, 'Highway to hell' hatte er gehört, 'AC DC', Helene Fischer war nicht so seins. 'Da geht sie wieder die fette, alte Sau', dachte er. Neulich an der Kirchenmauer hatte er sie erwischt, die Eine von den Beiden, als sie den Mülleimer leerte und einen Schluck aus der Absinthflasche genommen hatte und sie ihn anschaute, ein Blick, der sagte: 'Mit Dir und Deinem Johannes, den würde ich auch gerne mal, wenigstens anfassen.' Dabei hatten ihre feisten Hände die dicken, fetten Brüste berührt bis zum Schoß waren sie geglitten und ihm war anders geworden. Sofort war's in seiner Hose losgegangen. Seit dem hatte er auf die ein Auge geworfen, 'die ist so heiß, die braucht kein Streichholz, um ne Kerze beim Antonius anzuzünden, dass macht die mit den Augen. Die steht auf junge Typen, auf einem wie mich', sagte er sich. 'Meine Mutter, die hat doch keine Ahnung, bei der hängen schon die Spinnfäden davor, seitdem der Vater gestorben ist'. Er beobachtete wie die beiden Fräuleins in die Kirche liefen, den fetten Arsch der einen, die Schenkel von der, durch die schwarzen Röcke konnte er sie erahnen. 'Schon ne heiße Fotze, hoffentlich erwische ich die bald wieder in der Ecke an der Kirchenmauer'.

Fräulein Fink und Fräulein Vogel, zwei Großcousinen, sie lebten im Haus neben der Kirche. Fräulein Vogel, eine Hochwohlgeborene, ihr Vater hatte sie gut versorgt. Zeitlebens brauchte sie nicht zu arbeiten, war von Beruf Tochter, ihre Eltern hatten sie der Kirche geweiht und so verwunderte es keinen, dass sie heute noch lief, sich in den Dienst des Pfarrers stellte und Fräulein Fink, von der keiner so recht wusste von wem die war, die hing hinten dran. Eines Tages hatten sie sich zusammengetan, Tilde Vogel hatte ihre Cousine Mina Fink aufgenommen, mit der es das Leben nicht so gut gemeint hatte, die aus Verhältnissen kam, na ja, aber Mina hatte sich ihrer Cousine angepasst und jetzt liefen sie, die eine mit dem Rosenkranz um den Hals, mit frommen Sprüchen auf den Lippen, und die andere mit der Absinthflasche in der Rocktasche und derb drauf, aus der's herausbrach, wenn sie wieder mal gesüffelt hatte: "Du satte Titte", nannte sie ihre Cousine manchmal, die dann der Ohnmacht nah war und nach der Riechflasche griff. Was sollte sie nur mit ihr machen? Tilde Vogel hatte ein gutes Herz, aber die obszönen Sprüche, an die würde sie sich nie gewöhnen. 'Das macht sie nur, wenn sie voll ist', beruhigte sie sich. 'Sonst klappt's doch, sind wir einer Meinung. Wir gehen mit den Hühnern schlafen, stehn mit ihnen auf, haben uns dem Herrn Pfarrer in den Dienst gestellt, waschen uns mit Kernseife, den Körper, die Zähne, haben unser gemeinsames Schlafzimmer, das Haus voller Heiligenbilder, die heilige Anna, die heilige Agnes, die Mutter Maria und abends, wenn es dunkel wird, blinkt im kleinen Rahmen der heilige Judas Thaddäus, der für alle Fälle, neben der Latrine im Erdgeschoß. Auf der ersten Etage im Flur hinten links in der Ecke war das große Bild zu bestaunen 'Jesus mit dem blutenden Herz' und Fräulein Fink's verantwortungsvolle Aufgabe war es, nachzusehen, ob genügend Blut vorhanden ist, dazu benutzten sie rotes Grützwasser. Das Bild, welches schon zu Lebzeiten das Haus der Eltern, Gott hab sie selig, geschmückt hatte und manch einen staunen ließ, ob des tropfenden Bluts. Und aus dem einstigen Bad war eine Kapelle geworden. Über die Badewanne hatten sie eine Spanplatte gelegt und Fräulein Fink hatte eigens hierfür weiße Deckchen gehäkelt. Einen hauseigenen Altar hatten sie gezaubert mit großen Kerzen und einer Heiligenfigur und in der Ecke stand ein Grammophon, welches andächtige Lieder dudelte. Tilde Vogel, das Waschen war nicht so ihrs, wenn sie mit dem Waschlappen an die Stelle zwischen den Beinen kam und ihr wohlig wurde, war sie erschrocken, tief erschrocken. 'Das darfst Du nicht', sagte sie sich, 'das ist nicht erlaubt, das musst Du beichten, das kommt auf den Beichtzettel', der lag auf ihrer Nachtskommode. Auf dem Zettel stand schon einiges: 'Habe mich unsittlich beim Ankleiden berührt, meine fetten Brüste, die Euter, habe nach Minas Fotze geschielt als die sich auszog, habe, habe... Die eine schrieb's nieder und schämte sich, die andere sprach's aus und schämte sich nicht. Die Männer hielten sie sich vom Hals: 'Uns kommt keiner ins Haus!' "Die Schweine, die elendigen", wie Fräulein Fink meinte, die sich wegen ihrer obszönen Worte irgendwo hinfasste. Sie waren sich genug. Und auch sonst schwebten sie auf der gleichen Wellenlänge. "Nichts von alldem Schnickschnack, dem modernen Zeug wollen wir, kein Radio, kein Fernseher, kein Telefon", die Glocken vom Turm, sie sagen uns die Zeit, läuten uns den Weg, auf die können wir uns verlassen wie auf den ehrenwerten Herrn Pfarrer, für jetzt und für alle Zeit. Huhn Luise, die war auch zuverlässig, je nach Jahreszeit und wenn es hell wurde, krähte die, dann war es Zeit zum Aufstehn, Luise hatte ein Ei gelegt und Fräulein Vogel bereitete den Muckefuck. Ihr Weg, der war nicht weit, zwei Minuten bis zur Kirche und ab und an auf den Lessenicher Friedhof, wenn wieder mal einer beerdigt wurde, da liefen sie mit, 'das gehört sich so', auch wenn sie den Verblichenen zeitlebens nicht gekannt hatten. Der alte Friedhof, der war ihrs, wen sie hier nicht schon alles beerdigt hatten, die Finks und die Vogels sowie den guten Onkel Julius, den Ehrenbürger von Lessenich, zeitlebens Junggeselle und hinter vorgehaltener Hand 'Frauenheld und Taugenichts'. Je nach Jahreszeit waren sie gekleidet, aber immer in schwarzen Kleidern, dicken Strümpfen und festen Schuhen, Fräulein Vogel in gestrickter Unterhose mit starkem Mieder und Minna, die lief ohne, damit sie schneller und besser und einfach ausgedrückt 'drankam'. Die beiden Fräuleins, über die im Dorf gesagt wurde, 'die beiden, das sind noch 'Jungfrauen', ehrenwerte Fräuleins, da war noch keiner dran, die werden eines Tages, so wie Gott sie schuf, und wie sie geboren wurden, klar und rein, vor den Pforten Petrus stehen und im Himmel werden sie den Weg weiter beschreiten, den sie hier auf Erden so erfolgreich begonnen haben, Fräulein Fink und Fräulein Vogel.

Zwei im Dorf wussten es besser wie es um die Beiden stand, der Pfarrer und der halbwüchsige Manuel. Eines Morgens, die Glocke des Kirchturms hatte zur Frühmesse um sechs geläutet, Fräulein Fink wieselte um den Altar herum, bekreuzigte sich zig mal, brachte die Hostien, den Messwein, sie hatte schon mal vorgekostet als sie auf den Herrn Pfarrer traf, der nachsehen wollte, ob denn alles rechtens ist. Für Mina war jetzt der Moment gekommen, auf den sie schon so lange gewartet hatte, in ihren feuchten Träumen hatte sie ihn herbeigesehnt und sie hatte sich vor den frommen Mann gestellt und gesagt: "Du hast sicher einen Kleinen!" Der Pfarrer, dem's die Sprache verschlug, wusste auch nicht so recht. Einige wenige der Gläubigen waren schon anwesend, er konnte nicht wie er wollte und am liebsten hätte er sie, sofort und auf der Stelle, als er antwortete: "Fräulein Fink, Contenance, verschwinden Sie, sofort!" Mina Fink, hart im Nehmen, hatte sich in die erste Reihe gesetzt, wie eine Komtess saß sie jetzt da, fromm und sittlich, das Gebetbuch in der Hand haltend, verfolgte sie den Mann auf Schritt und Tritt, betete ihn an. Sie sang mit, mit im Chor der andern Gläubigen, fromme und andächtige Lieder und aus ihrer Kehle klang es hell und engelsgleich: "Herr wir loben Dich!", dabei schielte sie wieder nach dem Pfarrer.

Fräulein Fink und Fräulein Vogel arbeiteten in Schicht, mal war die eine dran, mal die andere, das wurde in ihrem Haus fein säuberlich dokumentiert, in ein großes goldenes Buch eingetragen, damit alles seine Ordnung hatte. Heute hatte Fräulein Fink die Sechsuhrschicht von Tilde Vogel übernommen, die lag wegen großer Unpässlichkeit mit ihrer Wärmflasche im Bett, einmal im Monat war das so, sie konnten die Uhr danach stellen so wie Huhn Luise das Ei legte. Alles zu seiner Zeit. Und Fräulein Vogel, die Unpässliche, lag auf dem Rücken, hatte die Augen geschlossen, die Hände gefaltet, ihr Rosenkranz bedeckte die Finger, der ein Teil von ihr war, und um es auf den Punkt zu bringen: 'Kein Mannsbild der Welt würde dieses Relikt ihrer Mutter selig ersetzen können, es gab ihr Sicherheit und Frieden'. Fräulein Fink und Fräulein Vogel, die eine um die Fünfzig und die andere Anfang sechzig und beide zusammen, wenn sie so daherkamen und einer vom Dorf ihr Alter schätzte, hieß es: "Die haben sich da oben schon einen Platz ausgesucht und dem Pfarrer die Grabesrede übergeben!" Und der halbwüchsige Manuel meinte: "Du alte Hure, Du Sau, selbst wenn Du in der Kiste liegst, komme ich noch da rauf und hol mir einen runter und spritz Dir das Zeug über Deine Stiefmütterchen, Du Verpisste!" Fräulein Fink und Manuel, eines Tages war's passiert. Er war ihr aufgelauert als sie den Mülleimer leerte, der in der Ecke an der Kirchenmauer stand, hatte sie an sich gezogen und mit seinen gierigen Händen unter ihre unzähligen

Röcke gefasst, gierig nach den feisten, hängenden Eutern gegriffen und hing jetzt an ihr wie ein Kind, dass sich an der Mutterbrust festgesaugt hatte. Und Mina, die genoss, ließ es mit sich geschehen, ihr war's gekommen, und das war jetzt ihr stilles Übereinkommen, jeden Mittwoch, um zehn, war die Zeit, wenn sie sich trafen.

'Alles, nur nicht das', dachte Fräulein Fink, 'kein Mensch darf davon erfahren auch nicht die Tilde, aber beichten muss ich die Sache schon. Dann weiß es eben der Pfarrer, der weiß ja eh wie es um mich steht!' Jeden Samstagnachmittag, wenn die Pforten des Gotteshaus geschlossen waren, die Cousinen Fink und Vogel gebeichtet hatten, wurden sie wieder rückfällig. Tilde Vogel bedauerte das. 'Der Herr möge und solle sie bewahren vor allem und besonders vor dem Unkeuschen', das hatte sie gerade gebetet. Wenn Mina die hauseigene Kapelle wieder zum Badezimmer umfunktionierte, Tilde den Wiesenschaum ins Wasser träufelte, war das ihre Zeit, wenn sie in die große Wanne stiegen, die beiden Fräuleins mit den barocken Figuren, wenn sie in voller Pracht zu sehen waren. Die Euter, das lange Schamhaar, die fetten und feisten Schenkel und das war auch die Zeit, wenn die Halbwüchsigen im Dorf kamen, es hatte sich rumgesprochen. Langsam wurde es dunkel und hinter einem Busch hockten zwei, drei, manchmal vier, fünf, die es nicht erwarten konnten, wenn es wieder soweit war und die ehrenwerten Damen ins Bad stiegen, sich einseiften, genussvoll, langsam, die Titten, die Schenkel, das Allerheiligste, die Eine die Andere und umgekehrt. Die Hosen der kleinen Wichser wurden zu eng, drohten zu zerplatzen, eine Stille, nichts war zu hören und ab und an schlug die Kirchturmuhr. Harald, der jüngste, fragte: "Was machen die?" "Halt's Maul", sagte einer, "Siehste doch!" Und dann kam's, das war der Moment, wenn die Augen größer und größer wurden, die Schwänze länger und länger, wenn ihnen reihenweise einer abging, wenn sie aus der Wanne stiegen, die feisten, dicken Weiber, die eine die andere abtrocknete, sie sich gegenseitig leckten und lutschten und sie an den Stellen verweilten, wo's besonders gut tut. Dann, und es war immer dasselbe, holte Mine den grünkarierten Bademantel zog ihn ihrer Großcousine über und sagte: "Du meine liebe Tilde, meine Beste, meine Guteste, wenn ich Dich nicht hätte!" Dabei dachte sie an den halbwüchsigen Manuel, der mit seinem dicken Pimmel, das ist ein Teil, 'am Mittwoch ist es wieder soweit und ich werde ihm einen blasen'. Wenn das wöchentliche Bad sie gesäubert und erfrischt hatte, bereitete Tilde das Schlafzimmer, ihr gemeinsames Nachtlager, klopfte die Kopfkissen, das Plumeau zurecht, denn gleich kam Mina, die dabei war, aus dem Badezimmer wieder eine Kapelle zu zaubern. Jede hatte ihr Aufgabe, alles wie gehabt, und auf der Nachtkonsole standen zwei Henkeltassen mit duftendem Kamillentee, die hatte Tilde bereitet. Morgen in der Früh, wenn Luise krähte, würden sie sich aus den wohligen Laken erheben, der Sonntag war gekommen, der Tag des Herrn, heute hatten sie frei. Aber der Gang in die Kirche, der musste sein, sie konnten nicht ohne und wenn auch nur, so Fräulein Fink, um in der Nähe des Pfarrers zu sein. Der Gang zum Friedhof, es war Zeit, höchste Zeit, die Blumen, die Stiefmütterchen von Onkel Julius, trockneten bei der sommerlichen Hitze vor sich hin. 'Der liebe Onkel, hier liegt er nun', dachte Fräulein Vogel, 'der hat zeitlebens unendlich viel Gutes vollbracht'. Fakt war und das hatte man der Nichte verschwiegen, der brave Mann war Vater unendlich vieler Kinder, die genaue Zahl ist nicht bekannt und im Dorf wurde gemunkelt: "Die Mina, die ist auch seins!" Der Apfel fällt nicht weit vom Baum.

Eine neue Woche hatte begonnen, die Fräulein Vogel stets mit den Worten begann: "Mein Wille ist Dein, ich will u n d ich wünsche, was Du mir gebietest!" Wen sie damit meinte, wusste sie selber nicht so genau, vermutlich den Herrn Pfarrer, denn die Zahl derer, mit denen sie es zu tun hatten, begrenzten sich auf zwei, maximal drei. Mina Fink zählte jetzt vier, denn seit letzten Mittwoch, sie dachte an die geile Begegnung mit dem halbwüchsigen Manuel, war einer dazugekommen. Dabei hatten sie einst und waren eine große Familie, mit einem Stammbaum so groß, mit deinen, meinen und unsern Kindern und keiner wusste so recht, wessen wem war. Die Zeit würde es nicht mehr klären, denn zu viele waren schon von dannen gegangen und Tilde's Vater hatte es vor Jahren gesagt: "In unserer Familie, irgendwie will's nicht richtig, es werden zu viele Mädchen geboren und die, es ist eine Schande, die heiraten nicht, sind dahin vegetierende Jungfrauen, sie werden nie erfahren, leider", und dabei seufzte er tief, "wie es ist". Unsere Tragödie, wenn nicht zusammenkommt was zusammengehört." Übersetzt meinte er: 'Schwanz und Loch!' Das war das Schicksal der Finks und Vogels, Mina und Tilde waren die letzten Nachkommen, wenn sie das Zeitliche gesegnet hatte, war die 'finksche Vögelei' vorbei.

Fräulein Fink und Fräulein Vogel, die ehrwürdigen Fräuleins, sie hatten sich beide dem Herrn Pfarrer verschrieben und jetzt war auch noch Manuel in Minas Leben getreten. Minas geheime Liebe, die für Manuel nicht die Bedeutung hatte. Er nannte sie schlicht 'Meine neue Fotze'. Eine kleine Familie, die eines Tages Zuwachs erhielt, ein Vierbeiner war das neue Familienmitglied, eine Wald- und Wiesenmischung, die zu den beiden

Fräuleins passte ähnlich dem Badezusatz, welcher nach Moos und Veilchen roch und den Fräulein Vogel jeden Samstag ins nachmittägliche Bad träufelte. Nach langer und reiflicher Überlegung wie denn das Hündchen heißen solle, schnelle Entschlüsse und Handlungen waren nicht so ihrs, war Mina auf den Namen 'Poe' gekommen. Jetzt, und wenn sie das geahnt hätten, Fräulein Fink und Fräulein Vogel, sie hätten einen anderen Namen gewählt. Mina nannte das Vieh Po und meinte das 'e' sei französisch und wird nicht gesprochen und Tilde sprach den Namen so wie er geschrieben wird. Das hatte zur Folge, dass der Hund nicht wusste wie er hieß und auf was er hören sollte, die eine rief 'Po' und die andere 'Pö'. Es kam zu großer Verwirrung, die dazu führte, dass das Tier teilnahmslos in der Ecke saß und nicht reagierte. Worauf er aber reagierte war, wenn Fräulein Vogel ihre Röcke hob, auf das Duftwölkchen, welches entwich. Fräulein Vogel, die sich nicht wusch oder besser gesagt selten, dann wenn das samstägliche Wannenbad anstand und dem zu widerstehen, das schaffte Tilde Vogel nicht, auch wenn, 'und der Herr möge es verzeihn, 'dass ich mich der Unzucht hingebe', das beichtete sie jeden Samstag um drei und um fünf war's wieder um sie geschehen. Im Folgenden und der guten Ordnung halber wird der Hund 'Hund' genannt, darin waren sie übereingekommen, da die Namensgebung schon größte Verwirrung angerichtet hatte. So nach und nach gewöhnte er sich daran, dass er so hieß wie seine Art war, nur auf der Straße, wenn sie nach ihm riefen, drehten sich die Leute um und fragten, hat der Hund keinen Namen? "Doch, Hund", antwortete Fräulein Fink dann. Eigentlich ging's dem Vieh gut bei Fink und Vogel, die Sache mit dem Namen verstand er gottlob nicht, vielleicht wunderte sich sein Hundehirn, wenn die Leute auf der Straße immer wieder fragten: "Hat der Hund keinen Namen?" "Doch Hund". 'Hund' war Fräulein Vogels Liebling, er kam immer und überall wo sie stand und Tilde verstand's auch schon nicht mehr und Mina, die war eifersüchtig und fragte: "Warum kommt er nicht zu mir, immer zu Dir?" Sie zankten sich schon, wer ihm den Fressnapf geben durfte und Fräulein Fink war der Meinung; "Wenn ich das mache, bin ich sein Liebling." Tage vergingen, ein zwei Wochen, Mina bemühte sich: "Der Hund frisst nicht nur mit seinem Maul, er frisst auch mit den Augen, das heißt, ich bringe ihm sein Fressen im schönsten Napf, den wir haben." Sie machte und tat, das Vieh aber, es war stur und blieb bei seiner Zuneigung zu Fräulein Vogel, schnupperte an ihr rum, an ihren schwarzen Tretern, an ihrem Rock und wenn er auf ihrem Schoß saß, stieß er seine Nase inmitten des Rocks, leckte und brachte Tilde auf die Idee: "Jetzt weiß ich's, was der hat, der mag wie ich rieche, der mag meine Möse." "Du alte Sau", brach es aus Mina hervor, die mal wieder voll des guten Absinths war, "das ist ein Schoßhund, ein Fotzenlecker, begreif's doch endlich, Du satte Titte." Fräulein Fink und Fräulein Vogel.

Drei Männer zugleich

Adrian, einer der drei Männer, war leicht zu haben, viel zu leicht. Für andere war er spinnert und nicht so ganz... Manon fand ihn interessant, sie kannte ihn. Meist sahen sie sich am Wochenende, gingen essen, tanzen, liefen durch Wald und Flur. In der Nacht liebten sie sich bis sie müde und ausgepowert einschliefen. Am nächsten Morgen, Adrian holte Brötchen, Croissants, sie frühstückten im Bett und überlegten, was der Tag bringen soll. Manchmal fuhren sie in die Berge, machten Wanderungen bis das Wochenende vorbei war, das Taxi vor Manons Haus stand und ihren Freund zum Flughafen

75

brachte. "Tschüß und bis nächsten Freitag", waren seine Worte. Er musste ins Büro und Manon auch. Er redete nicht, lachte wenig und rauchte viel, er war ihr ein liebevoller Freund. Er hatte mit den Verletzungen seiner Kindheit zu kämpfen, dass, was man ihm in früher Jugend angetan hatte. Manon kämpfte auch. In der Woche meldete er sich um sechs aus dem Büro, Tag für Tag. Manchmal fragte sie sich, warum nicht um acht, um neun. 'Er ist zu beschäftigt wie ich auch'. Wenn sie ihn samstags vom Flughafen abholte, kam er daher, sah aus: 'Der kommt gerade aus dem Bett'. Und Adrian wollte heiraten, unbedingt, sie waren schon auf Wohnungssuche, ein Haus sollte es sein, der Termin beim Standesamt war gebont, die Gäste eingeladen. Alles in allem, es stimmte nicht, kam nicht überein weder bei ihm noch bei ihr. Ein Blick in seine Unterhosen beantwortete die Fragen. Und Manon, sie war ebenfalls keine würdige Braut wie es hätte sein müssen und heiraten?, dazu hatte sie keine Lust. Es war gut so wie es war, in der Woche so und am Wochenende anders. Im Büro traf sie auf Timor, ein Ungar, schwarze Mähne, feurige Augen, einer, der es verstand. 'Wer ist er?', fragte sie sich. Ein Charmeur? Ein Hochstapler? Gestylt mit Anzug und Krawatte, das kam gut bei seiner Zweimetergröße. Unstet wirkte er, unruhig, überall und nirgends und sein Auto: 'Das ist sein zu Hause', dachte Manon. Damit kann er sofort und direkt. Oft war er unterwegs, fuhr in seine Heimat, brachte und holte, die Autobahn war sein Ort, hier konnte er, hin und zurück, das entsprach seinem Wesen, überall und nirgends. Er war auf der Suche, hatte noch nicht gefunden und das in seinem Alter. 'Der wird nie zur Ruhe kommen, der ist gezeichnet, die Unruhe ist seine Ruhe, der braucht sie wie andere die Luft zum Atmen. Was holt und bringt er?', fragte sie sich. Mal waren's die Bilder, die er brachte, von einem Künstler, der eines Tages würde, mal brachte er den einen, dann den andern und eines Tages hatte er einen Rumänen im Gepäck. "Das ist Mischka", stellte er ihn vor, "der wohnt bei mir und arbeitet für einen Zahnarzt." Mischka, ein sympathischer Typ, er war gekommen, um zu verdienen wegen seiner Frau, die in der Heimat auf ihn wartete. Das Geld für die Operation, hier wollte er es erarbeiten. 'Wo schläft der denn?', Manon war neugierig. "In meinem Bett", war die Antwort. Das ehemalige Ehebett in einer Sozialwohnung. 'Nicht schlecht', dachte sie, 'der weiß wie's geht. Und seine Ex, die wohnt mit Kind im Haus nebenan.' Sie liebte ihn immer noch. Sie hatte Manon gesehen, sie war eifersüchtig, sehr eifersüchtig und beobachtete: "Von einem schönen Teller isst man nicht!", waren ihre Worte. Wem sagte sie das, sie musste ihn doch kennen, ihren Ehemaligen, ihren Don Juan, einer der wollte, der nicht konnte. Timor war kein Mann für eine Frau und Manon, na ja. "Wenn ich wollte, ich könnte Dich über den Tisch ziehen, ich will, dass Du freiwillig kommst." Das waren seine Worte als er morgens um sechs in sie eindrang mit seinem großen Glied und Mischka, der lag nebendran. 'Der wird gleich aufstehn', so wie er gestern Abend ins Bett gestiegen war, stieg er am andern Morgen in seine Kleider und stiefelte los. "Braucht der keinen Kaffee?", fragte sie. "Das erledigt der unterwegs", war seine Antwort. Die Atmosphäre hier, die hatte was, war gewöhnungsbedürftig und doch ab und an kam sie, um zu schnuppern und zu spüren, die östliche Luft zu riechen, den Wind, den er von seinen Trips aus Ungarn und Rumänien mitbrachte. Manchmal war's spät, neun, zehn, wenn sie zu Hause alles erledigt hatte, setzte sie sich auf ihr Fahrrad und fuhr den Rhein entlang, Timor wartete. Im Wohnzimmer auf der alten Couch kuschelte sie sich in seine Arme, besorgte er es ihr, sie war gut drauf, wollte, wollte mehr: "Du und ein Mann?, das glaube ich nicht!" Sie zuckte mit den Schultern. Jahrelang ging das so. Mit ihr, mit andern und der Termin auf dem

Standesamt, der war gebont!

Eines Nachts war es soweit, in der Nacht sollte es losgehn, die Fahrt nach Ungarn und Rumänien. "Nimm mich doch mal mit", hatte sie ihn gebeten und gleich ging's los. Timor brachte mal wieder, Kisten über Kisten wurden ins Auto geladen und Manon half. Es war bereits nach Mitternacht, er war noch im Haus und sie stand vor dem Auto, 'gleich geht's los', sagte sie sich, freute sich schon und war gespannt, als sie ein Geräusch vernahm, da aus den Büschen, da kam es her und plötzlich, alles passierte sekundenschnell, als eine keifende Frau auf sie zueilte mit einem Messer in der Hand und Manon, Todesangst überfiel, sie schrie und rannte, rannte um ihr Leben, lief ins Haus, schmiss die Haustür zu, das Glas in der Tür, es zerbrach, tausend Scherben und Manon, sie rief nach Timor, der geeilt kam und dann. Er war außer sich, schrie, tobte vor Wut, lief raus, nahm die Frau, seine Ex, nahm das Messer, schmiss es irgendwohin und schlug auf sie ein, trat nach ihr wieder und immer wieder. Ihr Gesicht war blutüberströmt, ihr Körper vor Schmerzen gekrümmt als er sie in die Büsche warf. Jämmerliches Weinen war zu hören, unendliches Leid entlud sich und Timor, sein Gesicht war kreideweiß. "Komm", sagte er. Sie stiegen ins Auto, fuhren los und die Frau, sie lag immer noch da, in den Büschen. Es war kalt, bitterkalt, Anfang Januar.

Eine lange Fahrt lag vor ihnen, Timor saß am Steuer, fuhr und fuhr und Manon dämmerte vor sich hin. 'Was war das?', fragte sie sich, 'was ist passiert?' Kurz vor Nürnberg, der Wagen schleuderte plötzlich, sie wurden hin- und hergeschüttelt, für kurze Zeit, für ein paar Sekunden war es, als würde etwas passieren, etwas Schreckliches. Timor war weggenickt, der Schlaf hatte ihn übermannt, er war an der Leitplanke entlang geschlittert. "Halt an, Du musst anhalten, das ist gefährlich, so geht das nicht", sagte sie ihm, "mach eine Pause!" Kurze Rast und dann ging's weiter. Vor Nürnberg fuhr er ab nach Osten an der Donau entlang, Kloster Melk, Wien und kein Wort über das Ereignis der letzten Nacht, der Schatten, der über ihm lag, der nicht weichen wollte und die Fahrt verdunkelte. 'Frau und Kind', dachte Manon, 'und er'? Am frühen Nachmittag erreichten sie Wien, übernachteten in einem Hotel, eine Absteige, liefen über einen Markt, auf dem alles und jedes zu kaufen war. Lebende Hühner, Gänse, gestrickte Topflappen, Mützen und Handschuhe, Korbgeflecht und Besen, Gemüse, Obst und kreischende Marktweiber boten ihre Ware an, blutverschmierte Metzger ihr Fleisch als er sagte: "Hinter Wien beginnt der Balkan!" Und den hatten sie bereits erreicht. Irgendwie, die Stimmung war auf dem Nullpunkt. Aber, sein Auto fuhr und fuhr, ließ sich nicht stoppen. Die Grenze nach Ungarn war passiert als sie eine weitere Pause einlegten und sich des Mittags im tiefen Winter in verdörrtes Gras legten, Gräser der Puszta, das Thermometer, es zeigte 25 Grad. Sie ließ es über sich ergehen, irgendwie, sie hatte keine Lust mehr, ihr war's vergangen. Aber, sein Auto fuhr und fuhr. Die nächste Nacht verbrachten sie bei Bekannten, Verwandten? Timors, irgendwo an der ungarisch-rumänischen Grenze, ein kleiner Ort, dessen Name sie sich nicht merken konnte und der nicht auszusprechen war. Die Sprache verstand sie nicht und überhaupt, all das war nicht ihrs, als es zu einer Auseinandersetzung kam, weil sie mit ihm nicht klar kam, mit der Situation, und sie kurzerhand beschloss: 'Ich hab die Nase voll, ich fahr nach Hause!' Den händchenhaltenden Timor mit der Frau des Hauses, der da saß als sie des Morgens die Küche betrat, der Schnaps, der ihr angeboten wurde, die beiden kreischenden Viecher, die geschlachtet wurden, das Schweineblut im Topf auf dem Herd, all das gab ihr den Rest: 'Hier bist du falsch, fahr zurück!' Irgendwie und überhaupt, es war ihr vergangen. Ein junger Typ brachte sie zu dem kleinen Bahnhof, verabschiedete sich, und jetzt stand sie da in der Pampa, mutterseelenallein und Timor, der war oder lag bereits mit einer andern im Bett oder aber saß in seinem Auto, welches fuhr und fuhr, wohin? "Er weiß es selber nicht!' Sie traf auf einer älteren deutschsprechenden Mann, der ihr erklärte: "Gleich kommt der Zug nach Budapest, den können Sie nehmen." Sie war erleichtert, Gott sei Dank, es geht zurück, zurück in die Zivilisation! Sie schlenderte über den kleinen Wochenmarkt und wieder lebende Hühner, Gänse, kreischende Marktweiber als sie vor einem Stand stehen blieb und sich einen kleinen Pelz aussuchte, 'der ist schön, der passt, ein Andenken', dachte sie und legte sich ihn um den Hals. Aber, und auch das, es sollte nicht sein. Endlich, der Zug kam, sie stieg ein, er war über und über voll, alle Ungarn, so schien es, fuhren nach Budapest, ein Geschiebe, ein Gedränge, Mann und Maus, Frau und Kind, als es plötzlich schrecklich juckte, ihr Hals, er hatte sich gerötet und sie dachte: 'Das sind Flöhe.' Sie nahm den Pelz, jetzt war's genug, und entledigte sich seiner, indem sie ihn aus dem fahrenden Zug warf. Eine Frau hatte sie beobachtet, hatte vorwurfsvoll geguckt und was gesagt, zu wem?, sie verstand eh nichts und Manon hatte ihr freundlich zugelächelt, 'Die kann mich mal', hatte sie gedacht. Zwei Stunden, drei Stunden Fahrt?, sie hatte es nicht mitbekommen endlich, der Zug erreichte den Budapester Bahnhof, ein Jugendstilbahnhof, eine Pracht, ein Kunstwerk, sie war begeistert, 'wenigstens der hat was', dachte sie. Ihr Zug nach Hause, der fuhr erst in der Nacht, sie hatte Zeit, viel Zeit und lief auf den Bahnhofsvorplatz, setzte sich in ein Taxi und ließ sich durch die Stadt chauffieren, die billigste Taxifahrt ihres Lebens. Das Taxi, es fuhr an alten

Prachtbauten vorbei, an wunderschönen Hotels, dem Gellert, fuhr über die Donau, die die Stadtteile Buda und Pest trennt, und gegen Nachmittag legte sie eine Pause ein, im Café New York, einem Jugendstilcafé, 'wo damals heute ist, aus der Zeit der K+K-Monarchie'?, fragte sie sich. Durch die mit Volants geschmückten Fenster beobachtete sie das Treiben der Stadt, die Menschen, die Ungarn, die anziehend waren, gut anzuschauen und doch nicht ihrs. Und Timor, der war irgendwo, fuhr herum, irgendwo in der Gegend, suchte, nach etwas, 'das findet der nie!' Wochen später saßen sie wieder im Büro, waren Kollegen wie einst. Der Traum des feurigen Ungarns, war nicht ihrs, war ausgeträumt und ihr Chef, als sie zurück ins Büro kam, sein Gesicht zierte ein leichtes Schmunzeln!

Zur gleichen Zeit traf sie auf Charles. Ein stattlicher Typ, groß, dunkelhaarig, gut geschnittenes Gesicht, einer dem die Frauen ebenfalls hinterherliefen, der sich nicht zu bemühen brauchte, der auch suchte. Mitte dreißig, aus gutem Haus kommend, er hatte eine Schule besucht, Latein, Griechisch, Hebräisch, von allem hatte er gehört, gelesen, es sollte mit ihm werden, seine Eltern achteten auf ihn, ihr Söhnchen und der Augenstern seiner schönen Mutter. Auf so einen war Manon im Karnevalstrubel getroffen, war er der?, sie glaubte nicht. Seine Nachbarin, eine Frau, die es wusste, hatte es ihm eines Tages gesagt: "Bundeskanzler, das ist der Job für Sie." Er war auf dem Weg dahin, sein Jura-Studium, er stand vor dem Abschluss. Aber, und auch er, wollte und konnte nicht! 'Dieses Wollen und Können', fragte sich Manon, 'was ist damit?', die meisten wollen, haben aber Probleme mit dem Können, das hatte sie endlich begriffen. Einen zu finden?, 'das ist so gut wie unmöglich', sagte sie sich und ihr Termin beim Standesamt mit Adrian, daran wollte sie lieber nicht denken. Sie hatte verstanden, 'dass, wenn man nicht in der Schule oder an der Uni auf einen getroffen ist, später ist es so gut wie aussichtslos!' Sie dachte an den Spruch: 'Früh gefreit, hat nicht bereut!' Und die, auf die sie jetzt getroffen war, die waren schon, das waren Typen, ihr Mutter hatte es mal gesagt: "Du mit Deinen Filmtypen, woher nimmst Du die?" aber auch die Typen, alle hatten was, wurden begehrt und waren doch die letzten Mohikaner!, mit denen 'frau' nicht zurecht kam. Für's Bett, ja, aber auch da, sie musste aufpassen.

Die Tage zogen ins Land, die Wochen, sie traf Charles im Café, sie gingen ins Restaurant, tanzen, aber alles in allem, es wollte nicht. 'Was ist denn jetzt mit dem wieder?', fragte sie sich. Eines Morgens begegnete sie ihn auf dem Wochenmarkt, es war Wochenende. Gemüse hatte er eingekauft, Lauch, Porree, Schnittlauch. "Ich koche heute Abend", war seine Erklärung, "mein Freund kommt!" Manon guckte, 'sein Freund kommt und?' "Ich kann Dich erst zu mir einladen, wenn ich aufgeräumt habe", erklärte er weiter. "Zu mir kann jeder kommen, wenn ich das w i l l", war ihre Antwort. "Bei Dir ist auch sicher alles in Ordnung, bei mir nicht", ging's weiter. Sie dachte nicht darüber nach und lief ihren Weg. „Ruf Dich an, bis dann", hatte er sich verabschiedet. Und Manon, sie traf heute Abend eine ihrer Freundinnen, denn Adrian, der hatte zu tun wie er ihr am Telefon erklärt hatte und der nahende Termin auf dem Standesamt. 'Das kommt nicht in Frage, geht nicht!', sagte sie sich und war beruhigt. Das mit den Freundinnen, das war auch nicht das, die suchten ebenfalls. Sie machte und tat, ‚eigentlich kannst du doch, was ist es denn?', fragte sie sich. Und erhielt keine Antwort. Das Leben, das was sie erlebte, das war die Antwort, nur sie hatte noch nicht begriffen. Die Freundinnen fragten schon: „Was ist denn mit dem, den Du kennen gelernt hast?", Sie meinten

Charles. „Ach, mit dem", antwortete sie, „Ich weiß nicht, bei dem stehn Müllsäcke mit hundert zu waschenden Hemden vor der Tür!" Und so war's auch, sie hatte nicht übertrieben. „Hast Du Lust heute Abend tanzen zu gehen?", fragte er sie am Telefon. „Mein Freund kommt mit seiner Verlobten, wir könnten doch zu viert, das wäre sicher ganz nett!" Sie willigte ein, gegen neunzehn Uhr holte er sie ab und jetzt saßen sie an einem Tisch irgendwo in einem Lokal, in einem Ballsaal von einst, ‚wie in den fünfziger Jahren', dachte sie 'so muss es damals gewesen sein' als es passierte. Die Band spielte, Charles forderte sie auf, sein Freund die Verlobte, sie gingen zur Tanzfläche und setzten sich wieder hin. Jetzt verschwand Charles auf der Toilette, wenig später sein Freund. Und sie saß gelangweilt am Tisch mit der Verlobten, 'die passt', dachte Manon, 'mit der kann man das machen'. Charles kam zurück, wenig später der Freund. Die Band spielt wieder, sie liefen wieder zur Tanzfläche, setzten sich hin und Charles lief abermals zur Toilette, der Freund hinterher. Und Manon, in ihr fing es an, in ihr brodelte es, ihr Blut kam in Wallung als es wieder los ging. Die Band spielte, sie liefen zur Tanzfläche und… „Was bildest Du Dir eigentlich ein?, rief sie etwas laut, „Du bist ja total durchgeknallt, das kannst Du mit mir nicht machen! Fahr mich sofort nach Hause, Du Idiot!" Die Leute guckten. Außer sich vor Wut lief sie aus dem Lokal, ‚das hier ist sowieso alles, hat nichts, ist langweilig, und der Typ, sie meinte Charles, ‚irgendwie ist der degeneriert so wie der daher kommt'. Eisiges Schweigen zwischen ihnen als sie im Auto saßen. Grußlos war sie ausgestiegen und ins Haus gelaufen. In der Nacht, die Gedanken gingen ihr durch den Kopf, hatte sie begriffen, Charles und der Typ, die haben was mit einander, Charles ist schwul. ‚Und das erklärt, warum und weshalb!', dass mit ihm bisher so verlaufen war, sie sich immer nur ausserhäusig trafen, er dann ihre Hand nahm, die er fest hielt, ganz fest, als wollte er sagen... 'Auf so was hab ich keinen Bock, der kann mich mal!' Am andern Morgen ging in der Früh das Telefon: „Lass mich in Frieden, Du und der Typ..." und dann brachte sie es auf den Punkt: „Du bist schwul!" Und hängte ein. Die erste Begegnung mit einem Homosexuellen. In der kommenden Woche kaufte sie Bücher, sie wollte es wissen, was es damit auf sich hat und informierte sich. Sie las und begriff, 'das also ist der Grund, warum ein Typ wie Charles immer noch durch die Gegend läuft und sucht, der Wahnsinnstyp.'

Sie hatte eine Ärztin gefragt, die ihr erklärte: „So etwas gibt es und ist nur zu akzeptieren, wenn der Partner davon nichts mitbekommt und, das ist wichtig, er darf darunter nicht leiden. Sonst geht's nicht!" ‚Ob sie bereits litt?', wusste sie nicht, soweit war's noch nicht. Und Charles, der gab keine Ruhe. Immer und immer wieder ging das Telefon, stand er da, nach Büroschluss und wartete auf sie. Sie wurde wieder schwach, stieg in sein Auto und sagte es ihm: „Wir können nur zusammen sein, wenn Du eine Therapie machst!" „Mach ich", antwortete er ihr. Wusste sie überhaupt, was sie da sagte?, Homosexualität und eine Therapie? Sie hatte keine Ahnung. Der Termin beim Psychologen war gebont, sie liefen einmal, sie liefen zweimal als der Therapeut eines Abends ein 'Mensch ärgere Dich nicht-Spiel' aus der Kiste zauberte. ‚Wie das?', fragte sie sich. „Ich möchte sehen wie Sie sich beim Spiel verhalten", war die Antwort. 'Jetzt reicht's', dachte sie. „Da gehen wir nicht mehr hin, der hat ja überhaupt keine Ahnung", sagte sie zu Charles, der einverstanden war. Sie hatte es doch gewusst, ‚Psychologie ist eine Pseudowissenschaft', wie konnte sie nur. Und jetzt? Charles hatte Pläne, er wollte heiraten, ein Kind haben und wenn's nicht mit Frau geht, dann ohne.

„Mein Kind, überall werde ich es mitnehmen und mit Penatencreme einreiben, damit es immer gut riecht." Und auch seinen Erzeuger hatte er wissen lassen: „Ich werde alleinerziehender Vater sein", der ihm daraufhin erklärt hatte: „Du bist ja total bekloppt!" „Das ist meine Antwort auf die Emanzipation der Frau!" Die Dinge nahmen ihren Lauf. Es ging hin und her, her und hin als er ihr eines Tages erklärte: „Du brauchst das, Du brauchst den ewigen Stress, die tausend Volt, das Leben auf der Überholspur, Du kannst sonst nicht leben!" ‚Der ist ja, sein Vater hatte es bereits gesagt, der ist ja total bekloppt', sagte sie sich. Was sonst noch alles passierte, es passierte viel, viel zu viel, darüber zu schreiben, wäre nicht gut. Und die Müllsäcke, die mit den hundert Hemden, die standen immer noch vor seiner Tür!

Jetzt stand Adrian auf der Liste und der Termin beim Standesamt. Sie erklärte ihm eines Tages am Telefon als er sie fragte: „Freust Du Dich auf unsere Hochzeit?" „Nein, ganz klar nein und damit Du es weißt, ich heirate Dich nicht!" Jetzt war auch das geklärt und ihr Leben, würde es ruhiger, beschaulicher werden?. Sie hoffte.

Tita

Der Stammbaum der Leys war groß und breit, all seine Äste, die unendlich vielen Verzweigungen, der dicke Stamm, ein kleiner Wald. Männer und Frauen verschieden gepolt, mit wundersamen Neigungen, die versuchten, sich in die Welt der Normalsterblichen einzureihen. 'Was ist normal?', fragte sich Marie. Im Fall Tita, Spross und Tochter einer reichen und gut situierten Familie irgendwo in einer Kleinstadt im Rheinland, betrieben ihre Eltern einen ertragreichen Pelzhandel. In der Familie hieß es: "Die Bellinghaus sind reich, sie sind so reich, steinreich sind die, und dabei haben wir doch auch, aber da kommen wir nicht mit und die kleine Tita, der verwöhnte Fratz, deren Barbie ist ausgestattet wie unser Kind und, das ist doch nur eine Puppe." Und Tita, ein kleines Appartement war ihrs, ein Ankleideraum, die unendlich vielen Kleider, ein großer Spiegel, in dem sie sich anschauen konnte, sich hin und herbewegte wie eine Princess und dann ihr chambre de coucher in gold und rosé gehüllt und das kleine Bad nebenan, ein Traum! "Die Bellinghaus werden schon sehen, was sie davon haben. Das soll man nicht", so Mutter Ley eines Tages zu Marie, "dann wird aus den Kindern nichts." Die Frau, die es wusste, aber hier hatte sie mal nicht recht.

Tita, die kleine hübsche Lady, sie wurde bewundert und bestaunt, manchmal belächelt, 'das mit der, das wird was', die ist wie die Paris H., die braucht mal nicht... Dass sie später mal arbeiten sollte, das wollte keiner so recht glauben, denn Geld war ja da, mehr wie genug, und sie würde mal, man höre und staune, sie würde die einzige Erbin sein. In der Schule hatte man sie wissen lassen: "Du Tita, Du brauchst doch keine Schule zu besuchen, Du musst doch später nicht arbeiten wie die andern Kinder..." Sie hatte ihre süße Schnute verzogen, dicke Tränen kullerten aus ihren Augen, sie hatte der Lehrerin einen bösen Blick zugeworfen, war aufgestanden und gegangen. 'Wenn ich das meinem Papi erzähle', ging's in ihrem Köpfchen, 'der wird und der kommt...' Der Papi kam und sprach ein ernstes Wort mit der Frau, die es daraufhin nicht mehr wagte, seine Tita anders zu behandeln als die andern. Am nächsten Tag saß sie wieder da, in ihrem roten Karokleid, und eine schwarze Samtschleife zierte ihre blonden Locken. Sie war wissbegierig, wollte lernen, gut sein, es war in ihr, eine Tante drückte es aus: "Die kleine Tita, die kommt auf meinen Bruder, ganz wie der Hans, von Null nach Unendlich, die wird mal richtig gut!" Herr Bellinghaus seines Zeichens Meister, Meister im Brillieren, ein Virtuose, seine Schwester verstand ihn und hatte es bereits gesagt. Der Nährboden war da, die Saat konnte aufgehen und die Zeit würde es zeigen. Ihre Tita, die Eltern glaubten es schon selber nicht mehr. Lange Zeit wollte es nicht, sie hatten schon überlegt, ein Kind gehört doch dazu und eines Tages war es soweit. "Hans", hatte seine Frau gesagt, "Hans, ich bin schwanger!" Und jetzt, das Kind, es entwickelte sich, Tita, die mit Namen Tiziana Maria Amalie hieß, wie seine Frau, die er Amelie rief. Ihr kleines Wesen, sie konnten es selbst nicht glauben, dass ihnen das noch und das in späten Jahren beschert wurde. Und wie sich jetzt zeigte, würde es mit dem Kind werden. "Das kommt davon Hans, wenn man in späten Jahren erst und das Kind dann von dem unendlichen Reichtum des Lebens profitiert, den wir beide in uns tragen!", Tagtäglich sahen sie wie sich das Kind entwickelte und jetzt war auch er, Vater Bellinghaus, überzeugt, dass mit der Kleinen, das wird, 'vielleicht kann die später mal', soweit wollte er nicht denken. Der dazukommende Schwiegersohn, der musste die Sache managen. Die Bellinghaus, die prachtvolle Villa, vier goldene Krönchen zierten das Dach, der wunderschöne Park, die Leute, die alles hegten und pflegten und Frau Bellinghaus nach dem Frühstück, nach dem Essen, wenn ihr Mann im Betrieb war, legte sie ihre Beine auf die samtene Couch und blätterte in ihren Modejournalen. 'Vogue, Marie Claire, La Femme', die Zeitschriften hatte sie abonniert, die wurden ins Haus gebracht wie alles gebracht wurde und sie ihre Anweisungen gab. Sie war die Perle an seiner Seite, die sich auskannte, die Licht ins Dunkel brachte, die gut und gerne durch die Boutiquen lief mit ihrem Kroko-Täschchen in der

Hand, dem Tausender im Portemonnaie, all das was eine Lady zum Shoppen braucht. Das Checkheft, den Spiegel, den Lippenstift, das Puderdöschen und last not least den Autoschlüssel, nicht den eines Fiats fünfhundert, Frau Bellinghaus fuhr einen Porsche, wenn auch die kleine Ausführung. Heute würde es werden, war ein guter Tag, in der Früh als sie aufstand und einen Blick aus dem Fenster warf, hatte sie die Katze gesehen, sie war von rechts nach links gelaufen und es regnete nicht. Gleich wollte sie in die Stadt gehen, einen Schaufensterbummel machen, eine 'fetes des yeux'. War die Zeit nicht so ihrs, ließ sie sich chauffieren, da wo die Liebfrauenkirche stand, stieg sie aus, stiefelte je nach Jahreszeit mit ihren handgefertigten Schuhen in die Kirche, setzte sich in eine Ecke und meditierte. Das Leben, es hatte es gut mit ihr gemeint, ihr fürsorglicher Mann, jdas süße Kind, sie musste dankbar sein, und das war sie auch. Zeitlebens verbrachte sie mehr Zeit in Gotteshäusern und Schönheitssalons als am Herd, da war die gute Efi, die das erledigte. Und ihr Mann, so wie sie es machte, war es ihm recht. Er war mit allem einverstanden, sie war an seiner Seite und jetzt noch ihr Töchterchen, die süße Tita. Manch einer, der wurde blind vor Neid, aber auch damit umzugehen, hatte Frau Bellinghaus gelernt und da war ja ihr guter Hans, der sich vor sie stellte und alles Böse fernhielt. Ihr Mann, ein Sechser im Lotto. Amalie Bellinghaus, geb. Kötter, früh hatte es sich gezeigt, der Engel an ihrer Wiege hatte der kleinen Amelie das Lied des Lebens gesungen, rein und klar waren seine Töne, von Liebe und Friede seine Worte und im frühen wie im späteren Leben hatte es sich bewahrheitet. Erst durch die Eltern und jetzt ihr Mann, ihr guter Hans. Wenn sie hier saß vor der Mutter des Himmels, all das wurde ihr bewusst und sie würde und wollte, was in ihren Händen lag, wollte sie tun, um von dem Reichtum, um andere daran teilhaben zu lassen.

Vielleicht war es für sie ein Leichtes gut zu sein, aber das war's nicht, ihr Herz sprach so, ihr Charakter stimmte. Sie war eine gute Frau, eine schöne, ihr Inneres stimmte harmonisch mit ihrem Äußeren überein. Und auch die Reife der Jahre würden sie besser und besser werden lassen, wenn ihre innere Welt die äußere übertraf. Eines Tages. 'Ja, das ist es', sagte sich, 'das ist es Amelie, das ist der Sinne des Lebens!' Sie brauchte nicht die Couch des Psychiaters, auf der ihre Freundinnen lagen, fremde Worte, die es ihr sagten, sie brauchte ihr geborgenes Heim, ihren Mann, die kleine Tita und ab und an, wenn sie hier saß, wurde es ihr klar. Sie stand auf, bekreuzigte sich und ging aus der Kirche. Sie musste zu Hugendubel, war interessiert, suchte immer wieder nach Themen, was anstand, hier fand sie die Antwort. Sie hatte alles. Die Kirche für ihr Seelenheil, für ihr Inneres, wo sie die Antwort fand, die Buchhandlung für die Befriedigung ihres Intellekts und den Schönheitssalon, die Boutique, um ihr Äußeres zu stylen. Die drei Säulen der Amalie Bellinghaus, auf denen stand sie, die brauchte sie, um so gut wie möglich zu sein, um sich zu perfektionieren, langsam, aber stetig. Und eines Tages würde sie dann, 'Ja, Amelie', sagte sie sich, 'das ist der Sinne des Lebens, dein Sinn! Und ihr Töchterchen? Ihr blonde Tita mit der braunhaarigen Tina. Schon früh waren sie sich begegnet. Die Freundin von Amalie Bellinghaus, die kleine Tina war ihrs. Eines Tages hatten sie die Kinder zusammen getan, wenn die Mütter geahnt hätten, es sollte werden. Mit wunderschönen braunen Augen blickten sie sich an, mit einem Figürchen, den strammen Beinchen und Kleidchen bestückt, die sie durch die Räume schweben ließen. Eine Pracht, die beiden Wonneproppen, die. kleinen wohlgenährten Mädchen, die sich prächtig verstanden und meist ein Herz und eine Seele waren. Tita und Tina, Vater Bellinghaus, wenn er mal kurz rüberlief, eine Pause einlegte, wenn die Zeit es erlaubte und er seinen Fünfuhrtee trank, war er verzückt, wenn er auf die beiden Püppchen traf, sein Glück, und das in seinem Alter, er konnte es nicht fassen. Die süßen Mademoiselles, in einem Flügel des Seitentrakts der Villa war ihr Reich. Hier kam so schnell keiner hin. Das Kindermädchen, die Gesine, die hatten sie beauftragt, aber so wie die daher lief, die dicke Figur, das Behäbige, die kleinen süßen Mädchen hatten sie im Griff. "Alles okay, Gesine", sagten sie stets, und Gesine, die war froh, wenn's so war und sie sich wieder der Vorratskammer widmen konnte, ihrer Lieblingsbeschäftigung, dem Essen. So hatte jeder seins, Herr Bellinghaus seinen Betrieb, Frau Bellinghaus ihre Modejournale und die Süßen hatten sich. Sie lagen auf Tita's großem Himmelbett, Tina lutschte an einem Lollipop als es wieder über sie kam. "Leckst Du mich?", fragte Tita, die bereits da lag, ihr Höschen ausgezogen hatte und ihre kleinen Beine spreizte. Tina legte sich zwischen ihre Schenkel und jetzt, mal lutschte sie am Lollipop, mal an Tita's süßem Kitzler, der sich wie ein kleiner Finger aufstülpte. Sie genoss, genoss in vollen Zügen und ihre Zunge belleckte ihre blutroten Lippen, der Lippenstift ihrer Mutter, den hatte sie aufgetragen, das machte sie immer so bevor's dazu kam. Mal war Tita dran, dann Tina. Ihr geheimes Spiel, welches nur ihrs war, wovon keiner erfahren durfte, ihr süßes Geheimnis, ein Ritual, welchem sie ein Leben lang treu blieben. Wenn sie denn mal wieder genug hatten, es langweilig wurde, waren die Puppen dran oder sie liefen in das Ankleidezimmer von Frau Bellinghaus und das kam einem 'Sesam öffne dich' gleich. In einem ihrer Schränke bewahrte Frau Bellinghaus ihre Mieder und Strapse, ihre Push ups, aber die brauchte sie eigentlich nicht, wie ein Kenner gesagt hätte, denn davon hatte sie mehr wie genug und Herr Bellinghaus, der war jedes Mal, wenn sie mit ihren schönen Händen, den lackierten Nägeln... und das machte sie hin und wieder gerne, allzu gerne, wenn sie über ihre Brüste strich, langsam, ganz langsam von oben nach unten und in der Tiefe ihres Schoßes verweilte. Das war der Moment, wenn Herr Bellinghaus sagte: "Amelie, komm, komm!"

Über und über mit Kleidern bestückt, mit zwei Paar Stöckel, die Tina jetzt in der Hand hielt, liefen sie wieder in Tita's Reich. Verzückt wie in Trance, im Reich der Sinne, zogen sie sich an, zogen sich aus, und Tita nahm den Push up ihrer Mutter, ihre kleinen Milchbrünnchen, langsam fing es an, ein bisschen war's schon zu sehen, sie sprießten und Tina war in ein roséfarbenes Dessous geschlüpft und auch bei ihr, ihr Venushügel, es entwickelte sich. Ihre Füße hatten sie in die Stöckel gesteckt, die zwei Nummern zu groß waren und jetzt bewegten sie sich vor dem Spiegel hin und her, die süßen Lolitas. Manch einem hätte es den Verstand geraubt, aber es sah sie keiner, gottlob, und die Eltern Bellinghaus, die waren beide gut beschäftigt, die vertrauten auf die Gesine, so hatte alles seine Ordnung!

Aber irgendwann war auch das Spiel langweilig und es war wieder soweit. Jetzt war Tina dran. Tita beugte sich über sie, ihre Zunge suchte nach ihr, saugte sich fest bis Tina sagte: "Au, nicht so fest, hör auf!" Die Zeit war vergangen, sie verging, fiel zu schnell, und der Abend dämmerte bereits durch die großen Fenster ins Reich der kleinen Mademoiselles. Die eine stand auf und sagte: "Ich muss, meine Mutter wartet." Und auch Tita musste, Herr und Frau Bellinghaus saßen bereits am Abendbrottisch und warteten auf ihr Töchterchen.

Dann und wann lud Familie Bellinghaus ein, fanden größere Feste statt. Feste zu denen livrierte Kellner bestellt und Delikatessen aufgefahren wurden sowie der gute Wein, den Herr Bellinghaus servieren ließ. Er war Weinkenner und trank den weißen und roten Burgunder, der aus dem Baden-Württembergischen. Tita langweilten die Feste. Die Geschäftsleute, die kamen, die Nachbarn, Familie Hüls, die Bekannten und die Schwester von Herrn Bellinghaus, Tante Monika. Und jetzt, Frau Bellinghaus hatte es ihrer Tochter wieder gesagt: "Tita, einmal musst Du kommen, Dich zeigen und die Leute freundlich begrüßen, dann kannst Du ja wieder gehen. Tu Deinem Papi den Gefallen, mach ihm die Freude. Dazu trägst du das neue Grüne, das steht Dir!" Das hätte sie nicht zu sagen brauchen, jeder Fummel kleidete sie, aber das war's nicht, ihr Inneres strahlte. Und Herr Bellinghaus, der hatte nicht nur seine Geschäftskollegen im Kopf, so langsam musste er daran denken, die Söhne seiner Kollegen waren gefragt, wenn sie denn welche hatten und hier musste er aufpassen, sorgfältig musste ausgesucht werden. Es ging um seine Firma, sein Lebenswerk und eines Tages, Gott sei Dank, der Tag lag noch in weiter Ferne, sollte der Ausgesuchte mal übernehmen. Das mit den Frauen, 'meine süßen Damen' wie er sie liebevoll nannte, die sahen gut aus und besonders seine, die machten sich gut auf der Couch, wenn sie so dasaßen oder an seiner Seite, wenn er mal wieder auftrat, seinen Hofstaat abhielt. Herr Bellinghaus, der große Mann, nicht nur die Körpergröße und die Fülle war's, seine Schwester, die kannte ihn und ihre Worte hatte er immer noch im Ohr: 'Von Null nach Unendlich', das hatte er geschafft und der Erfolg gab ihm recht. In seinen Kreisen nannte man ihn auch: 'Den großen Bell!' "Da müssen wir 'den Bell, unsern Großen' fragen", das war das geflügelte Wort. Aber, und es war jedes Mal dasselbe, es war traurig, seine Tita, wenn sie sich gezeigt hatte, war sie auch schon wieder verschwunden. Er musste mit ihr reden: "Tita, meine liebe Tita", wollte er sagen, "so geht das nicht, Du musst Dich ein bisschen bemühen und 'Small Talk' betreiben und das nicht nur mit meinen Geschäftskollegen auch mit den Söhnen der Familie." Aber und genau das, daran hatte Tita kein Interesse, ihre Tina, die war's, sollte es sein. Und Herr Bellinghaus und das Thema Emanzipation, zeit seines Lebens, sollte er das nicht mehr lernen und doch, eines Tages, so langsam dämmerte es ihm.

Die Jahre vergingen, kostbare Zeit, Herr Bellinghaus wusste auch nicht mehr weiter und fragte eines Abends seine Frau: "Wie bringen wir Tita nur an den Mann?" "Hab Geduld, Hans", war die Antwort, "die Zeit wird's zeigen!" Weitere Jahre zogen ins Land und keiner wusste von den Beiden, von Tita und Tina. Eines Tages, der Heilige Abend war gekommen, in der Villa Bellinghaus leuchtete der Weihnachtsbaum, 'Ihr Kinderlein kommet...' war zu hören, das gewienerte Tafelsilber, die Meissen-Teller und -Terrinen standen auf dem Tisch, Vater und Mutter Bellinghaus saßen da, festlich gestylt, friedlich und beschaulich war die Atmosphäre, sie prosteten sich zu und wünschten sich allseits ein schönes Fest als Tita plötzlich aufstand und in die stille Runde rief: "Und, damit Ihr es endlich wisst, ich bin lesbisch und liebe Tina und das, ich werde es mein Leben lang tun!" Sie setzte sich wieder und machte sich an ihrem Braten zu schaffen, so als sei nichts passiert. Vater Bellinghaus wollte gerade mit der Faust auf den Tisch, seiner Frau, ihr war's gelungen, das zu verhindern, sie dachte an das Wertvolle, welches den Tisch schmückte und die Bratensauce, die das kostbare Damasttuch... als auch ihr alles zuviel wurde, sie einen hochroten Kopf bekam, die Luft, 'es hatte ihr den Atem geraubt'. Sie musste raus, stand auf und lief und Vater Bellinghaus hinterher. "Amelie,

Amelie, beruhige Dich doch, reg Dich nicht auf, auch das werden wir überstehen!" Die Angst um seine Frau und obwohl er seine Tita über alles liebte, in dem Moment hätte er sie aber am Liebsten erwürgt. Seine Geschäfte, er hatte es doch gewusst, in seinem tiefsten Innern, war es ihm schon lange klar 'und jetzt?' fragte er sich. 'Wie wird alles weitergehen?' Das mit der Emanzipation, so richtig war's bei ihm immer noch nicht angekommen. Warum das so war, wusste keiner. "Er ist auf dem Gebiet stehen geblieben", sagte seine Frau so dann und wann. Jahre später sollte Tita ihn eines Besseren belehren und ihn Lügen strafen, aber zur Zeit stand alles Kopf und das Fest, es war gelaufen. 'Auf wen Tita in der Familie wohl kommt?' fragte Vater Bellinghaus sich wieder und wieder und wusste keine Antwort. Zwei Jahrzehnte später, alles lief, es lief bestens, trug man ihn mit der ungelösten Frage, auf die er zeitlebens keine Antwort gefunden hatte, in die Familiengruft. Seine Geschäfte, die blühten und die Konten der Familie bewegten sich gen unendlich. All das hatte Tita geschafft mit ihrer Tina. Tita, die Managerin, die den Kopf hatte und Tina ihre Geschäftsführerin. Irgendwann wollten sie vor den Traualtar, ihre Partnerschaft legitimieren, die seit ihren Kindertagen bestand und das Spiel ihrer Spiele, sie spielten es immer noch. Es war die Würze des Lebens, die ihnen nach einem arbeitsreichen Tag die Nacht versüßte.

Wurde Mutter Bellinghaus gefragt: "Warum ist denn Ihre Tita nicht verheiratet, hat die denn keinen Mann?" War die Antwort: "Meine Tita ist mit Tina liiert, die Beiden sind ein Paar!" Die meisten schauten dann verblüfft, wussten nicht richtig, aber daran hatte sich Mutter Bellinghaus schon lange Zeit gewöhnt.

Entre nous

Yamato nadeshiko, die Bezeichnung für das klassische japanische Frauenbild, eine Mischung aus Geisha und Samurai. Als Hausfrau, Ehefrau und Mutter findet sie ihre traditionelle Rolle. Sie besucht die Universität wie andere Frauen auf dem Erdball, doch nicht um Karriere zu machen, sondern um einen Mann aus besseren Kreisen kennenzulernen und mitreden zu können. Wie eine anmutige Puppe schreitet sie durch's Haus, hübsch und dezent gekleidet und ein Schritt hinter ihrem Gemahl. Im Vordergrund ihr Mann. Ihre Pflicht ist es, bereit zu sein, ihm zu dienen. Er hat das Sagen und die Aufgabe, ihre Lust freizulegen, wann immer ihm danach ist. Sie ist bereit. Der japanische Mann als Herr und Gebieter des Hauses und seine ihm ergebene Yamato nadeshiko

"Entre nous", sagte Osuka, "Madame Lefebre, ich möchte Ihnen aus meinem Leben erzählen wie ich dem Land der aufgehenden Sonne den Rücken kehrte und mein Gesicht dem Land der untergehenden Sonne zuwandte. Schon als Kind interessierte ich mich für die westliche Kultur, hörte von fernen Ländern, von andern Städten doch meinen guten Eltern, ich verehre sie sehr, war es nicht möglich, mich in einem Internat unterzubringen, das Geld fehlte und ich, ich war 'leider' nur ein Mädchen. Im zarten Alter von sechs Jahren vermieteten sie mich an einen Bordell-Besitzer. Nein, es war nicht irgend ein Bordell, es war das Yoshiwara in Tokyo. Ein gutes Bordell, ein bekanntes, in dem ich meine Karriere als Kurtisane begann. Ich musste lernen, so müssen Sie sich das vorstellen, Madame Lefebre. Zuerst war ich eine Kamuro, eine Helferin einer bereits ausgebildeten Dame, bekam einen neuen Namen, eine neue Identität und war bei Parties an ihrer Seite. Meine Veranlagung zur Kurtisane wurde geprüft und da ich, wie meine Lehrmeister meinten, geeignet sei, wurde ich eines Tages unterrichtet. Man lehrte mich das Ritual der Teezeremonie, des Tanzes und der Liebeskunst. Das Glück stand auf meiner Seite, ich entwickelte mich zu einem hübsch anzuschauenden, gern 'gekauften' Mädchen und meinen Eltern brachte ich Geld und das Nötige, was eine Familie zum Leben braucht. Im Alter von vierzehn Jahren war meine Ausbildung zur Freudendame abgeschlossen. Ein neuer Vertrag wurde ausgehandelt und durch einen Kaufvertrag ersetzt, indem ich mich für das

Yoshiwara in Tokyo verpflichtete, um dort bis zu meinem 27. Lebensjahr zu arbeiten. Mein Arbeitslohn wurde an meinen Fähigkeiten und meiner Schönheit gemessen." Jetzt lächelte Madame Lefebre, denn Osuka war immer noch eine gutaussehende Dame, eine von den wenigen, die mit der Zeit besser wurden. Ihre zierliche Gestalt, die helle Haut, das schwarze Haar, gut und fest. "Ich fahre fort, Madame Lefebre. Stellen Sie sich vor, ich schaffte es bis zur 'Yobidashi', und war nun eine Kurtisane, die auch beim japanischen Adel einen hohen Ruf hatte, und die mit Respekt behandelt wurde. Nur der Yobidashi und der Hirusan war es erlaubt, durch die Straßen Tokyos zu promenieren und die Männer auf sich aufmerksam zu machen. Die übrigen Damen saßen in ihrem 'Ausstellungskäfig', in ihrem Zimmer am Fenster, von wo aus sie versuchten, die Männer anzulocken. Da ich mich zur Yobidashi hervorgetan hatte, eine Ehre die nur wenigen Japanerinnen zuteil wird, war mein Rang hoch, ich verfügte über Wohlstand und Reichtum und Sie müssen wissen, Madame Lefebre, jedes Bordell kann sich nur eine, höchstens zwei Yobidashi leisten. Mein Äußeres war mein Kapital, welches ich hegte und pflegte. In Japan schaut der Mann nicht zuerst auf den Busen der Frau, der Nacken ist das Schönheitsideal, er darf nicht zu lang, aber auch nicht zu kurz sein. Die Länge wird mit Farbe kaschiert. Unzählige Lehrbücher lehrten mich, was zu tun ist, sowohl was das Schminken betrifft als auch die Auswahl der Kleidung. Nicht nur das Gesicht auch die Lippen wurden geweißt, anschließend wurde ein kleiner roter Mund gemalt, die Augenbraun mit einem ideal geformten Strich schwarz geschwungen, die Zähne geschwärzt als Kontrast zu dem weißen Gesicht und mein hüftlanges Haar wusch ich mit einer Paste aus Seetang und Reisnudelpulver, pflegte es mit Aloe-Holzöl, steckte es hoch und verzierte es mit schmückenden Stöcken. Folgende Schönheitsregeln waren en vogue: Der

Rand des Haupthaars gleicht der Form des Mondes, die Augenbraun sind strahlende Mondsicheln, die Augen sind feucht wie Tau, die Lippen ein Geschenkpäckchen in rotem Papier, das Kinn wie Jaspis, der Hals gebogen wie der des Kranichs, der Busen flach und schneeweiß, seine Kronen glänzende Sterne, der Bauch flach und blank und die Schamteile gleichen dem geschlossenen Weißbrot.

(aus Script Uni Mainz)

Wie Sie verstehen, Madame Lefebre, hatte ich aufgrund meiner langjährigen Ausbildung zur Kurtisane eine hohe Stellung, wichtige Männer des Landes kamen, Künstler und Intellektuelle, Politiker und reiche Kaufleute und eines Tages traf ich auf Monsieur Yozo Tujani, Spross einer bedeutenden japanischen Kaufmannsfamilie und da ich das 28. Lebensjahr erreicht hatte, war es ihm möglich, mich freizukaufen. Wir heirateten und aufgrund meiner Stellung als Exkurtisane brachte ich nicht nur Geld mit in die Ehe, es war mir erlaubt, meinem Gatten eine Gemahlin zu sein, die ihm auf Augenhöhe begegnete, die sich mit ihm unterhalten, die er mitnehmen und vorzeigen konnte bei seinen unendlich vielen Einladungen mit Geschäftspartner und last not least war ich ihm eine perfekte Liebesgespielin, das was einer normalen Ehefrau nicht möglich ist und die, wie ich bedauere, zum Kinderkriegen 'benutzt' wird. So ist denn auch zu verstehen, dass die japanischen Männer ihr Vergnügen außer Haus suchen und Sex in Japan zwischen Eheleuten verpönt ist. An dieser Stelle möchte ich betonen, dass das Bild der Frau in der Welt einem ständigen Wandel unterliegt und auch Japan von der Entwicklung nicht verschont bleibt. Und jetzt Madame Lefebre, wie ich merke, sind Sie mir eine geneigte Zuhörerin, würde ich Sie gerne in die Welt der Liebe und des Sex entführen:

Mein Gemahl und ich wir unterzogen uns einem täglichen Ritual. In unserem Haus, einem größeren Anwesen, welches von Bediensteten gehegt und gepflegt wurde, ertönte in der Früh die Glocke. Fuyu hatte bereits das heiße nach Jasmin und Moschus duftende Wasser eingelassen, und das war die Zeit, mein Gemahl schritt aus der linken Ecke des Schlafgemachs, ich aus der rechten, der große Pool war die erste Begegnung des Tages. Fuyu servierte den morgendlichen Tee, den wir beide zu uns nahmen und jeden Morgen, es war immer das Gleiche, passierte es. Der Phallus meines Gemahls, er verlangte danach, er wollte gerieben und geknetet werden, seine Hoden, ich faste sie an, drückte sie fester und fester, mit meinem Mund sog ich es auch ihm heraus, sein Sperma, den göttlichen Saft, denn das und Sie müssen wissen, Madame Lefebre, war unsere geheime Abmachung, ich hatte mich verpflichtet für alle Zeit und auf ewig, die Sklavin seines Phallus zu sein. Sein Wunsch war mir Befehl. Erst dann beugte sich mein Gemahl über meinen Leib, der hell und rein wie der Körper eines Kindes war, und entlockte mir die Lust, die wie ein frischer Strahl den neuen Tag begrüßte. Zum guten Schluss nahm er seinen Finger und führte ihn sanft und zärtlich in die Tiefe meines Schoßes, in mein zartes, roséfarbenes Fleisch, um mit rhythmischen Bewegungen, die langsam abebbten, das morgendliche Zeremoniell zu beenden. Der Tag konnte beginnen und um zehn fuhr der schwarze Jaguar vor, der meinen Gemahl in sein Büro brachte, wo seine Mitarbeiter bereits auf ihn warteten." Beide Damen kamen überein, für heute war die erste Lektion beendet, morgen am Nachmittag würde es weitergehen, um fünfzehn Uhr wollten sie sich wieder treffen, wollte Osuka weiter über die japanischen Freuden der Liebe und der Sinne berichten. "Au revoir, Madame Lefebre!"

"Bonjour, Madame Lefebre, common ca va?" "Merci, je suis bien", antwortete die Lady. Bevor ich Ihnen eine weitere Lektion über die japanischen Liebesfreuden erzähle, möchte ich Sie bitten den Tee, den ich mitgebracht habe, nach europäischer Art zuzubereiten. In Japan kommt der Teegenuss einer Zeremonie gleich, über die zu sprechen es sich lohnt, aber weiterer Sitzungen bedarf. Philosophie und Kult gehen Hand in Hand. Die Teezeremonie gehört zu einer der Künsten, die nur in Japan zu finden ist und geht auf die erste Abhandlung einer Teezubereitung im 1300 Jahrhundert zurück als der buddhistische Abt Eisai seinem Herrn, einem jungen Shogun den reichlichen Weingenuss abgewöhnen wollte. Nun gut. Ich werde jetzt, wenn Sie gestatten, mit meinen Erzählungen fortfahren. Mein werter Gemahl, Monsieur Yozo Tujani, wenn die Tage länger wurden, die Sonne den höchsten Punkt erreicht hatte, die Natur in voller Blüte war, das Kirschblütenfest anstand, ließ er aus dem Yoshiwara drei Mädchen und drei Knaben kommen. Auf unserem großen Anwesen feierten wir das uns eigen gestaltete Kirschblütenfest. Nachdem die Gäste den Tee getrunken und wir kleine Köstlichkeiten verspeist hatten, versammelten wir uns in unserer großen Schwimmhalle. Es war die Zeit, wenn die Nacht den Tag verdrängte, die kleinen roten Lampions im Garten leuchteten und jetzt stellen Sie sich bitte vor, Madame Lefebre, aus der linken Ecke unseres irdischen Paradies kamen drei wunderschöne, elfengleiche Mädchen und aus der rechten zarte, weißhäutige Knaben mit schwarzem Haar, die und mein Herr und Gebieter, er legte größten Wert darauf, solche die vor der Menarche standen, und die hier in einer traumhaften Märchenwelt das erste Mal zusammengeführt wurden. Und was wir jetzt sahen, den Atem, wir hielten ihn an, das Blut, es stockte in den Adern, wir beobachten wie erste Zärtlichkeiten ausgetauscht wurden, die Knaben sich über die Mädchen beugten, ihre Körper liebkosten, ihn küssten, die jungfräulichen Wesen ihre Schenkel spreizten und die Knaben mit kleinen, gespitzten Zungen den süßen Elfen himmlisches Vergnügen bereiteten, welches in einem wollüstigen Stöhnen seine Vollendung fand. "Madame Lefebre, sie sagen ja nichts, hat es Ihnen die Sprache verschlagen?" "Nein, nein, me Lady, auch ich befinde mich im Reich der Träume und mein Schoß hat Ihre Worte erreicht. Entschuldigen Sie mich bitte für einen Moment, ich bin gleich wieder an ihrer Seite."

"Madame Lefebre, möchten Sie weiteres aus meinem Leben hören?" "Nur zu Osuka, ich höre." Am 12. Tag im fünften Monat im Jahr der Schlange war es, als sie meinen geliebten Gemahl aus dem Haus trugen, sein Leben welches er zeitlebens würdevoll als Spross einer reichen Kaufmannsfamilie geführt hatte, es war beendet. Von heute auf morgen wurde meine Welt zerstört, eine Welt, die für mich, mir fehlen die Worte Madame Lefebre, plötzlich war mir als ob ich mich am Rande eines Abgrunds bewegte, alles war auf einmal so eng, so klein und ich musste raus, raus aus dem Land, welches mir einst so viel bedeutet hatte. Mein Weg auf Erden, er war noch nicht beendet und führte mich nach langen und reiflichen Überlegungen nach Paris, wo ich mich an der Sorbonne einschrieb und die philosophischen Studien von Professor Legrand hörte. Von einer Welt der Frau erfuhr, die frei und gut ist, die keinen Zwängen unterliegt, die unendliche Möglichkeiten bietet, ich verliebte mich in diese Welt und in Marcelle, einen jüngeren Franzosen. Ein Mann, edel und elegant von Kopf und

Gestalt. Er lehrte mich, die europäische Art zu leben, die Art der Liebe und wie es ist, wenn ein Mann eine Frau begehrt, auf sie eingeht, sie liebkost und streichelt. Die Abende, die Nächte, die wir miteinander verbringen, wenn wir nach einem arbeitsreichen Tag in einem petit Restaurant an der Seine unseren Hunger stillen und in seinem Appartement, welches im neunten Arrondissement liegt, hoch oben über den Dächern der Stadt, die Fenster weit geöffnet, uns der Liebe, der Wollust hingeben, das ist der Moment, wenn ich mich gut fühle und das Leben mir sagt, dass es auch einer Frau möglich ist, zu leben, gut zu leben und frei zu sein. Die Vorlesungen von Professor Legrand, übrigens ein Meister seines Faches, der es verstanden hat, sich in die Welt der Frau hineinzuversetzen, sie zu analysieren, sie aufzuarbeiten, nicht wie bei uns, 'der Herr möge mir meine Worte verzeihen', diese seine Lehren bestärken mich in meiner Ansicht und geben mir Kraft und Halt. Und letztendlich ist es Marcelle, dem ich es verdanke und der bereit ist, mit mir händchenhaltend in ein anderes Leben zu gehen. Madame Lefebre, was sagen Sie zu der Entwicklung?" "Nun gut, Osuka, Sie haben Glück! Die Welt der aufgehenden Sonne war Ihnen hold und diese unsere Welt, hier wo die Sonne untergeht, wird auch Ihr Leben eines Tages, wenn sie den östlichen wie den westlichen Kelch gekostet haben, auf eine Weise beenden wie es nur wenigen Frauen dieser Welt möglich ist. Für den Moment haben Sie noch einen Weg vor sich, den es zu beschreiten gilt, auf dem Sie erfahren werden und der es Ihnen ermöglicht, vom Reichtum dieser unserer Welt zu kosten. Wie auch immer, Sie werden den Sinn, Ihren Sinn des Lebens, der nur Ihnen bestimmt ist, vollenden. Au revoir, Osuka, Gott möge Sie beschützen!"

John und Jeany

Die beiden, die sich in der Schule kennenlernten, ein Junge und ein Mädchen, so wie es sein soll, alles so einfach und normal, so normal, dass es schon unnormal war. John hatte sich in Jeany verliebt und Jeany in John. Ihr Weg war gemeinsam, ihr Leben ihrs. Sie beendeten die Schule, machten eine Lehre, John wurde Elektriker und Jeany Friseurin. Ein braunhaariger Junge mit blauen Augen und ein rotblondes Mädchen mit grünen. "Ihr bekommt mal schöne Kinder und gute", sagten die Leute, "solche, die es können, die im Leben zurecht kommen und nicht solche, die spinnert sind und nicht wissen wohin!" Wenn die Schule aus war, stand John an der Ecke, wartete auf Jeany. "Hey John, what's up today?", fragte sie frohgelaunt und lief an seiner Seite. Ihr bunter Sommerrock, das grüne T-Shirt, die schönen Locken, die Menschen guckten, 'ein süßes Pärchen', auf ihrer Stirn stand's. Sie verbreiteten Frohsinn und Freude, überall wo sie hinkamen. 'Das mit den Beiden, das wird, die landen eines Tages vor dem Traualtar, so wie es sein soll und ihre Kinder, die werden ebenfalls. Hätten wir nur mehr davon, unsere Welt würde eine bessere sein!' Eine alte Dame hatte sie beobachtet, in der Straßenbahn war's als sie ausstiegen, frohgemut, sich Jeany bei John unterhackte und sie gemeinsam des Weges liefen. "Bis nachher, um fünf an der Kirche." John hatte sich verabschiedet, er lief nach Hause, die Mutter wartete, hatte gekocht, heute war Freitag, das war der Tag, wenn es kein Fleisch im Haus Schmid gab, Spinat und Spiegeleier, die mochte John. "Hey Mom", begrüßte er die Frau, "Hallo mein Bub", erwiderte sie und drückte ihm einen Kuss auf die Wange. "War heute alles in der Schule in Ordnung?", "Alles ok!" Und auch bei den Schmids lief alles Bestens. Vater Schmid, seines Zeichens Prokurist und Frau Schmid, Hausfrau und Mutter, die drei Kinder zu erziehen hatte, einen Haushalt zu versorgen, die kochte und backte, das Haus sauber hielt und die nicht eine von denen war, wie die von gestern, altbacken und verschroben, die Schmids hatten was verstanden und das lebten sie ihren Kindern vor, wie sonst hätten sie, drei prachtvolle Exemplare, sie konnten stolz sein, auf ihre Kinder, aber auch auf sich. Bei Jeany war's anders, sie lebte mit der Mutter allein, der Vater war früh gestorben und die Mutter arbeitete, lief täglich ins Büro, eine fleißige Frau, die es verstand, für sich und ihr Kind zu sorgen. Auch wenn die

Nachbarn tuschelten: "Da geht sie wieder, wie die ausschaut, die ist anders, aber eigentlich wissen wir das nicht, schon gut wie sie das macht, die Frau und das Mädchen, alle Achtung!"

All das das Gerede, das gute und das böse störten John und Jeany nicht, sie hatte sich, ihre junge Liebe und täglich kamen sie sich näher. Nachmittags um fünf war ihre Zeit, wenn sie sich trafen, wenn sie auf den alten Friedhof liefen, hier oben war ihr Platz, wenn sie auf der Bank saßen, John seine Jeany in die Arme nahm, sie sich küssten, er ihre Backe streichelte, ihre Arme und er sie langsam, ganz langsam eroberte. Erste Küsse hatte es schon gegeben, zarte, süße, die langsam leidenschaftlicher wurden, meist verharrten sie minutenlang in der Küssposition, die Zeit verflog, eine Stunde, zwei und um sieben musste Jeany wieder zu Hause sein, dann gab's Abendbrot und die Mutter wartete. Jeany, die mit Namen Jeany Marie Muller hieß. Eigentlich hatten die Eltern sie Marie Jeany genannt, da es aber in der Familie so viele Maries und Marias gab, Tanten, die so hießen, war ihre Mutter der Meinung, Jeany sei für das Kind der richtige Name. Jeany, sie lebte in der Welt der Schönheit und der Mode, interessierte sich für Klamotten, Schmuck, lackierte Fingernägel und verrückte Frisuren. Zur Zeit war 'pink' in, rosa war ihre Farbe, 'think pink' hatte sie gelesen und sie dachte nicht nur rosa, an ihrer Figur und auf ihrem Kopf war rosa zu bewundern. Rosafarbene Haare, rose Fingernägel, ein T-Shirt in dem Stil und das kombinierte sie mit schwarz. Das sah top aus, stand ihr und John, der war jedes Mal, wenn er sie sah, seine Jeany, die hatte es drauf, die hatte richtig Talent, aus der würde mal, vielleicht eine super Modedesignerin werden. Als er sie sah, er hätte sie am liebsten sofort und auf der Stelle vernascht. Aber, soweit waren sie noch nicht, bei den leidenschaftlichen

Küssen, da hatten sie das letzte Mal aufgehört. Was einen Jeden von beiden nicht hinderte, des Abends, wenn sie im Bett lagen und einer von dem andern träumte, heftig zu masturbieren. Wenn die Mutter endlich aus dem Zimmer war, Jeany eine gute Nacht gewünscht hatte, zog sie unter der Decke ihr Höschen runter, griff sich zwischen die Schenkel, streichelte sich, langsam, immer heftiger bis sie kam. Bei John verliefs ähnlich, der schlief mit seinem kleinen Bruder in einem Zimmer und wenn der eingeschlafen war, war das seine Zeit. Er rieb und knete seinen Steifen, keine Minute brauchte er und schon war's passiert. Er war geil drauf und einer seiner Kumpels, der hatte es gesagt: "Der Saft steht dem bis zu den Ohren." Seine Mutter wunderte sich schon lange nicht mehr über die nassen Laken und sagte dann: "Aber John!" Ihr Mann hatte sie wissen lassen und ihr erklärt: "Die Zeit ist gekommen." John ihr Sohn, den seine Eltern John John Schmid getauft hatten nach den Kennedys. Seine Mutter, sie war eine Verehrerin von Jacky Kennedy und sein Vater, der hatte noch die Worte JFKs im Ohr: "Ich bin ein Berliner!" So hatte jeder seins und John's Welt war die Welt der Computer und alles, was es auf dem Gebiet gab. Er hatte die Zeitschrift 'The new digital World' abonniert und wartete jeden Ersten darauf, dass sie im Kasten lag. Software und Hardware waren seine Themen und nicht zu vergessen die Nanotechnologie, von der war er, er war fasziniert, er war hin und weg. 'Was da alles möglich ist', sagte er sich, 'eine Revolution der Technik, ein Wunder!' 'Nano', er hatte begriffen, mit einem Milliardstel Teil ist Unendliches möglich. Hier wollte er in Zukunft, das war sein Gebiet, auf dem wollte er sich hervortun und seine Elektriker-Ausbildung war der erste Schritt und für später, er dachte an eine Informatikausbildung, ein Ingenieurstudium, 'gemach, gemach', sagte er sich, es wird. Im Keller war sein Raum, hier stand der alte Fernseher, das Radio, das Telefon, er hatte alles in Einzelteile zerlegt, untersucht und auch Leo, sein Freund, entwickelte sich langsam zum Kenner. Immerhin hatten sie es geschafft, das alte TV wieder zusammenzubasteln. "Ob er wieder läuft?", fragten sie sich, aber die Frage blieb ungeklärt. Und hier, wo sie keiner sah, wo sie allein waren, manchmal kam es über sie, nicht nur manchmal, regelmäßig, wenn sie sich trafen, berührten sie sich, ging Leo John an die Hose, an sein Teil, nahm es in den Mund lutschte und leckte es bis er kam. John und Leo, ihr Teil, beide hatten sie einen Großen, ein stattliches Stück, einen gut entwickelten Schwanz, und das war der Grund, warum Leo weite Hosen trug, er war nur allzu leicht zu erregen und sein Teil, das wuchs und wuchs dann und damit es nicht so sichtbar war, achtete er beim Kauf seiner Hosen darauf, dass sie eine Nummer größer waren, 'weiter im Schritt', wie der Verkäufer sich ausdrückte.

'Chiki-Chiki beng beng', der Song war zu hören, und auch Jeany drehte ihre Boxen auf, wenn er im Radio lief, so laut, dass ihre Mutter rief: "Jeany, Jeany." Sie stand dann vor ihrem Spiegel und wippte mit dem Popo hin und her und John meinte: "Geil!" Ihr Arbeitsraum war in ihrem Zimmer hinten in der Ecke, da stand ihr Schminktisch und auf dem türmten sich Töpfe über Töpfe, von Baby-Penaten über Nivea, Reinigungsmilch, Gesichtswasser und die Creme für das heranwachsende Mädchen, die pflegende Serie. Und daneben: Puder und Paste, Pinsel, Kämme und Haarbürsten, Spangen wie Lippenstifte, Nagellacke und Eyeliner, die Dekorative. Und da sie 'pink' dachte, war die Farbe der Wahl 'rosa'. Auch sie kannte sich aus und hatte bereits die digitale Welt erobert. Sie hatte sich eine Website eingerichtet, John hatte ihr dabei geholfen, und die hatte sie 'think pink' genannt. Sie war bekannt im Netz und verfügte schon über eine kleine Fangruppe, ihr Künstlername 'the-pink-lady@aol.com' und hier, die Mutter staunte, in Fragen rund um das Thema 'Rosa' war sie en vogue, Jeany die Fachfrau für 'pink'. Täglich war sie unterwegs, surfte, und auf Google hatte sie gelesen, von 'Bio-facelift' von Marie van Huellen gehört, 'das ist interessant, mal was Neues', sagte sie sich, aber die Zeit ist noch nicht gekommen. 'I'm too Young for Anti-Aging' und stellte das Buch fürs erste in ihr Bücherregal. Bald war es soweit, machte sie ihre Ausbildung zur Friseurin, sie konnte es kaum erwarten, 'nächste Woche geht's los'. Ihr Chef, der staunte, Jeany, ein Volltreffer hatte er mit ihr gelandet, seine pinke Lady, die Leute kamen, sein Salon, der lief, lief besser und besser, sie wollten sie sehen, den Paradiesvogel, der Frisuren zauberte, mit Farben hantierte und aus einem Kopf, bei dem schon jeder dachte, da ist nun wirklich nichts mehr zu machen, selbst der Kopf konnte sich, wenn er den Salon verließ, wieder sehen lassen. Ihr Markenzeichen, ein kleiner roséfarbener Punkt, den verpasste sie jedem, zwei Zentimeter über dem linken Ohr, kopfmittig, und jeder wusste dann, der war bei Jeany. Aber auch das, die Leute nahmen es gern in Kauf, denn die Frisur, die ihr Kopf jetzt schmückte, mit Geld, "Nein, mit Geld Herr Itter, mit Geld ist die nicht zu bezahlen!" Und eine Frau sagte: "Seit dem ich von Fräulein Pink 'behandelt' werde, Sie können's mir glauben, seit dem bin ich ein neuer Mensch!" Die pinke Lady, "wer ist sie?", fragten die Kunden, eine Friseurin, eine Künstlerin, sie ersetzt ja sogar die 'Couch', aber soweit wollte man nun doch nicht gehen und kam überein, Fräulein Pink ist eine talentierte, junge Frau, die wird es noch weit bringen.

Nicht nur im Job lief es auch mit John wurde es besser und besser. Und die Mutter, gottlob, Jeany hatte sie wirklich lieb, aber einmal im Jahr, wenn Frau

Muller und es wieder soweit war, sie ihre Kur antrat, war Jeany auch nicht traurig. Sie war bestens drauf als eines Samstags morgens die Gute ihren Koffer nahm, den Mantel anzog und die Tür hinter sich zu machte. Frau Muller war auch nicht wie die, wie eine von gestern. Auch sie tat und machte und überlegte als sie in den Zug stieg, welche Möglichkeiten sich wohl dieses Jahr wieder auftun. Morgens hatte sie ihre badeüblichen Anwendungen und abends war sie gut gelaunt. Wie ihre Tochter, lief auch sie gestylt durch die Gegend und liebte die Farbe lila, wenn auch dezenter als Jeany, aber ab und an kam es wieder durch. Und in der Kur, da wo sie keiner kannte, traute sie sich. 'Auf wen Jeany wohl kommt?', die Frage ist nicht schwer zu beantworten. Ins 'Roxy', da wollte sie hin, da war ab achtzehn Uhr, da traf man sich und da waren die zu finden, die ebenfalls wie Frau Muller Ruhe und Entspannung suchten, eben die, die kurten. Da waren die zu finden, die vereinsamt und geschieden waren, auf die zu Hause, wenn man genauer hinschaute, Frau und Kind warteten. So traf Frau Muller eines Tages auf Herrn Berens. Die Regeln im Kurheim untersagten, denn, und das ist zu verstehen und um es auf den Punkt zu bringen, Haus Seerose ist kein Puff.

Jeany und John, zu Hause stand ihnen jetzt Tür und Tor offen, sie hatte John wissen lassen, "Meine Mutter ist in Kur!" Und den Eltern Schmid wurde gesagt: "Ihr habt sicher nichts dagegen, wenn ich heute Nacht bei Leo schlafe, wir arbeiten an unserm neuen Projekt, wir haben da was in der Warteschleife." Vater und Mutter waren denn auch einverstanden, 'denn die Eltern von Leo sind ordentliche Leute', da konnten sie ihren Sohn in Ruhe ziehen lassen. Den aber zog's nicht zu Leo, Jeany war diejenige. Himmlische Zeiten waren angesagt. Jeany, in ihrem wunderschönen Reich, in ihrem pinken Paradies und jeden Abend ein anderes Programm. Mal war's der kleine Imbiss, Lachs auf Toast und ein Glas Sekt, das Bad in der Wanne, umhüllt in Lollipop Schaum, dezentes Licht, leise Musik als John nach Jeany griff, denn sein Teil ragte schon, wie ein kleiner Dolch lugte es aus dem Wasser. Und Jeany beugte sich über Mr.Smith, wie sie ihn nannte und nuckelte an ihm herum. Wenn's in der Wanne zu kalt wurde, das Badewasser abgekühlt war, ging's ab ins Himmelbett, wo es passierte. Mr. Smith und die Lady, sie trafen aufeinander, kamen zusammen und John und Jeany, sie beide, es hätte nicht schöner sein können. John war schon, in jungen Jahren, zeigte er auf dem Gebiet, war er ein Meister, seine Finger zart und gefühlvoll, er berührte seine Jeany, ihren Kitzler, der ihm entgegen kam und wenn er in sie eindrang, alles wollte, war bereit und der Höhepunkt war die Vollendung ihrer zarten Liebe. Seine Eltern wunderten sich, jeden Abend wollte ihr Sohn, wollte er weg, musste aus dem Haus: "Ihr müsst verstehen", ließ er sie wissen, "Unser Projekt, es ist kurz vor dem Start, es bewegt sich aus der Pipeline." Die Mutter fragte: "Welches Projekt, welche Pipeline, John?" "Ach Mutter, das verstehst Du nicht, die Nanotechnologie." Aber sein Vater, der hatte verstanden und zwinkerte mit den Augen. John's Projekt, welches Jeany hieß und die sehnsüchtig auf ihn wartete und dachte, wenn er nicht punkt acht auf der Matte stand, 'jetzt ist's passiert!' Die Nächte wurden zum Tag und am Tag, Jeany war, als würde sie getragen, und in der Tat schwebte sie auf einer rosa Wolke am Himmel. Im Salon hieß es: "Fräulein Pink, die ist ja nun wirklich, aber in letzter Zeit ist die, wo will die denn mal hin?" Und auch John, sein Herr und Meister, er hatte es bemerkt, im Betrieb war er, auch er schien unübertroffen, er brauchte keine Steckdose, keine Stromleitung, John war Energie pur. Das Glück stand auf ihrer Seite, dass bei ihren nächtlichen Liebesspielen, dass die nicht mit Erfolg gekrönt wurden in der Weise, dass sich bei Jeany was tat und ein rosafarbenes Schnuckelmäuschen, nicht auszudenken, ihre Pläne, die Zukunft, alles wäre anders gekommen. Und auch Mutter Muller, als sie wieder aus der Kur erschien, gut erholt und gekurt, auch sie schaute am Monatsanfang in ihr Höschen, 'es wird doch wohl nicht'..., dachte sie. Die Damen Muller, beide, der Kelch der Liebe, sicher und gut hatten sie von ihm getrunken, ihn genossen und jede dachte im Geheimen, 'diesmal ist's noch gut gegangen, das nächste Mal, wir passen auf!'

John und Jeany, ihre Herzen waren vereint, tief und fest, und um das Ganze in Form und Rahmen zu bringen, läuteten eines Samstags morgen, es war gegen zehn, die Nachbarn fragten sich schon, wer wird denn heute beerdigt, die Glocken und eine roséfarbene, traumhaft geschmückte Hochzeitskutsche hielt am Kirchenportal von St. Nikolaus. John und Jeany stiegen aus, John in dunklem Anzug eine kleine Rose im Knopfloch, die die Farbe, wie konnte es anders sein, 'rot' hatte. Denn John, er war ein kluger Kopf, was pink begonnen hatte durfte pink nicht enden, musste rot werden. Und Jeany, als sie aus der Kutsche trat, die Leute, sie hielten den Atem an. Wunderschön sah sie aus, die pinke Lady, ein Kleid, eine Robe und wie die Frau Schmitz von nebenan meinte: "Das Kleid ist aus Paris, das sieht man doch!" Und an ihrer Seite war ihre Mutter, in lila, einem festlichen, dunklen Lila, ein Kleid aus Samt und Seide. Lady Muller begleitete ihre Jeany zum Traualtar, sie schreiteten langsam und würdevoll, Nachbarn standen rechts und links des Weges, die Mayers, Müllers, Schmitzens und Frau Müller war gerührt, ihr liefen die Tränen. Alles, es war zu schön und dazu sang der Kirchenchor 'Freude schöner Götterfunken Tochter aus Elisium...' Lady Mullers Kopf zierte ein Hut so groß wie ein Wagenrad und auf Jeanys Haupt war ein roséfarbenes Etwas zu finden, eine Komposition aus Federn und links flatterte eine Taube, eine lebendige, kleine Taube. Familie Schmid war bereits versammelt, stand am Altar, Frau Schmid im Look der Jacky Kennedy, ihr Hals und Ohr geschmückt mit wertvollen Perlen und ihr Gemahl angemessen und wie es sich gehört. Drei süße, runde, kräftige Puzzelchens, kleine Posaunenengel, waren zu finden, mit ihren strammen Beinchen perfektionierten sie das feierliche Altarbild. Es war, den Gästen fehlten die Worte, es war zu schön und ein Fotograf knipste und hielt das Geschehen in Bild und Ton fest. John und Jeany, die sich jetzt Herr und Frau Schmid nannten. Eines Tages läuteten wieder die Glocken und wieder fuhr ein festlich geschmückter Wagen vor, vor das Portal von St. Nikolaus. John und Jeany stiegen aus und Jeany hielt ein super süßes Schnuckelmäuschen im Arm und die Leute, sie standen Spalier und begleiteten die glücklichen Eltern zum Taufbecken. Eine kleine, festliche Gesellschaft war Zeuge als ihr Wunschkind auf den 'Maria Marie' getauft wurde und der Pfarrer dachte: 'Dem Herrn sei Dank, das Kind bekommt einen wunderschönen Namen, den der Himmelsmutter und nicht wie die andern!'

In späteren Jahren wurde John ein in Fachkreisen bekannter Nanowissenschaftler, der für sein Werk 'Gute Luft in unserem Haus' den ersten Preis der Schweizer Nano-Gesellschaft erhielt. Er hatte es geschafft, eine Technologie zu entwickeln, der Fachwelt fehlten die Worte, und seine Jeany und die kleine Maria Marie hatten in ihrem Haus eine Luft, beste Luftqualität atmeten sie, die die Messwerte eines Waldspaziergangs aufwies. Jeany hatte sich auf dem Gebiet der Schönheit hervorgetan, auf unendlich vielen Gebieten war sie en vogue und im Netz bekannt, die digitale Welt, die unendliche Möglichkeiten bietet und für sie der erste Arbeitplatz war. Nach und nach war sie in aller Munde, 'all over the world', und eines Tages würde es heißen 'Jeany Marie Muller', die JMM, das ist doch die Nachfolgerin der Coco Chanel, der CC. John und Jeany mit ihrer kleinen Maria Marie, sie waren eine rundum glückliche Familie. 'Wenn wir doch mehr von denen hätten, unsere Welt würde eine bessere sein!' Die alte Dame, die in der Straßenbahn saß, sie hatte es vor Jahren schon gedacht.

Bangkok und Patpong

Ein unvergessenes und im Gedächtnis bleibendes Erlebnis, für alle Zeit, für immer. Eines Tages reiste Philip mit Marie über Weihnachten und zu Sylvester nach Bangkok, er hatte sie eingeladen, es war sein Weihnachtsgeschenk. Was sie dort erwarten sollte, in ihren kühnsten Vorstellungen, keiner von Beiden hätte das je gedacht, sich vorgestellt, dass es so etwas gibt. Nach einem dreizehnstündigen Flug hatte der Flieger den Airport von Bangkok erreicht und sie betraten festen Boden. Als sie die großen Hallen des Flughafens verließen, empfing sie eine Schwüle, die gewöhnungsbedürftig war, anders, ganz anders als im winterkalten Deutschland. Philip winkte ein Taxi herbei, welches sie zu einem Hotel brachte, zu einem Luxushotel und Marie staunte, so etwas hatte sie noch nicht gesehen. Mit ihrer Mutter hatte sie vor Jahren einen USA-Trip gemacht, New York besucht, sie waren in einem Hotel der Fünfsterneklasse abgestiegen und da hatte sie schon gedacht, das ist sicher das beste und größte was es auf der Welt gibt, aber jetzt! Dieses Hotel, vor dem sie jetzt standen und welches sie betraten es war, es war nicht zu beschreiben. Die besten Architekten, Designer der Welt hatten hier ihr Können gezeigt, sich hervorgetan und eine Atmosphäre geschaffen, ein Interieur, eine übergroße Empfangshalle im Thai-Stil, kleine Wasserläufe an den Seiten, wertvolle große Vasen, kunstvolle Blumengestecke, edle Teppiche, auf denen sie liefen und die sie in eine Suite führten wo auch, alles vom Besten und vom Feinsten war hier zu finden. Philip ließ sie wissen: "Asien ist für seine Luxushotels bekannt, welche sonst nirgends auf der Welt zu finden sind." Sie relaxten in ihrer wunderschönen Suite, der Jetlag, er machte sich bemerkbar, doch Marie, sie wollte, wollte unbedingt. Sie bewunderte die Blumenschale, die den schön geformten Tisch zierte, atmete den exotischen Duft und dann, es war um sie geschehen, mit all ihren Sinnen atmete sie, sog sie die asiatische Luft, die asiatische Märchenwelt in sich hinein und wollte hinaus sehen und erleben. Sie machten sich auf den Weg, gestärkt in einem kleinen schwimmenden Restaurant, wo Fische aller Couleur, rote, blaue, gelbe im Wasser schwammen, sie begrüßten und ihnen einen 'märchenhaften Aufenthalt in Bangkok' wünschten. Hühnchen auf Rosenblättern hatten sie verspeist, Thai-

Bier getrunken, und jetzt waren sie bereit und ließen sich in einem Tuk-Tuk durch die abendliche Rushour nach Patpong fahren. Mittlerweile war es dunkel, das kleine Gefährt hatte angehalten und vor ihnen lag das Rotlichtparadies von Bangkok 'Patpong'. Bunte Lichter, leuchtende Transparente, Touristen aller Herren Länder, Thais mit Bauchläden, Labels von Dior, Chanel, Gucci, Rolex, Kleider, Blusen, Schals, was das Herz begehrt, hier war es zu finden als Philip sagte: "Nach Thailand fährt man mit einem leeren Koffer", sie hatte verstanden. Eine Kneipe neben der andern, laute Musik war zu hören, heiße Rhythmen und eine Schwüle lag über der Stadt, die den Körper erhitzte, die Sinne. "Komm, komm hierein", sie zog Philip am Ärmel und schon waren sie mittendrin, hatten auf alten Holzbänken Platz genommen, tranken Thai-Bier aus Flaschen und beobachteten was sich tat. Auf der Bühne, unmittelbar vor ihnen, tanzte ein Thai-Girl, mit einem Slip bekleidet, sie bewegte sich an der Stange, ihre vollen Brüste wippten im Klang der Musik, eine Figur, anmachend, geil als sie einen Amerikaner hörte, der hinter ihnen in der dunklen Ecke stand: "I'm comming!" Und Marie, schon im Hotel hatte sie ihr Höschen ausgezogen, jetzt zog sie Philip ins Dunkle, sie küssten sich leidenschaftlich und seine Hand besorgte es ihr. "Komm, komm, weiter." Sie waren wieder auf der Straße und aus jeder Kneipe hörten sie, das Vergnügen lockte, Sex guter Sex wurde geboten als sie einen Massagesalon entdeckte und sie Philip erklärte: "Hier will ich rein, ich für Girls und Du für Boys." Eine kleine Thai-Frau erschien hinter einem schweren Vorhang, führte sie in das Reich der Sinne, exotische Düfte, eine kleine Liege und sanfte Berührungen, Hände die verstanden, die es konnten, und ihr war, sie war in einer andern Welt, sie war in der Märchenwelt Bangkoks angekommen. Die Zeit, sie verflog und als sie wieder auf Philip traf, dämmerte es schon und ein

115

Taxi brachte sie zurück ins Hotel. Der nächste Morgen, ein weiterer Tag begrüßte sie in der Stadt der Engel, eine Stadt, die mannigfaltige Gesichter hat, schöne, frohe aber auch traurige, elendige und Philip und Marie bewegten sich auf der Straße der Freude. Sie frühstückten in ihrem Hotel der Luxusklasse, "American, Continental, European, which kind of breakfast do you like?", wurden sie gefragt und starteten gestärkt in den neuen Tag. Heute? Die Goldene Stadt war angesagt, die Stadt der Tempel, The Golden Mount, Der Smaragdbuddha.

Am Abend zogen sie wieder los. 'One night in Bangkok' klang es in ihrem Kopf und sie Philip fragte: "Gibt es hier auch für Girls?" "Weiß nicht", antwortete ihr Freund als sie in ein Taxi stiegen und Marie sagte: "For girls please!" Der Taxifahrer guckte: "For girls?, No, there is no girls, for boys, ok??" Sie waren einverstanden und der Thai fuhr los, er fuhr und fuhr, sie hatten die City von Bangkok verlassen, irgendwo am Rand der Stadt fuhr das Taxi auf einen Hof, einen Hinterhof und jetzt? Der Mann stieg aus, klopfte an eine alte Tür, die Tür wurde geöffnet, Philip und Marie standen da, sie wurden gemustert, von oben bis unten, als der Boy sagte: "No, no woman!" Irgendwie, sie weiß auch nicht mehr genau, sie hatten es geschafft und betraten eine Welt, dicke Rauchschwaden, Zigarettenqualm vernebelten die Sicht, Männer über Männer und Boys, die es ihnen besorgten, einer neben dem andern, dichtes Gedränge und mittendrin Philip und Marie. Einer wollte schon mit ihrem Freund, der entschieden ablehnte, als sie hinten, ganz hinten eine Bühne entdeckte, auf der sie es trieben und ein Thai das Mikrophon nahm und schrie: "Attention, attention, please, he's comming!" Sie sah wie in der dunklen Halle ein weißer

Strahl über die Bühne spritzte, der eine von dem andern abließ als es weiterging. Irgendwann gegen morgen brachte sie ein Taxi zurück in ihr traumhaftes Hotel und Marie überlegte, 'was kann es jetzt noch geben?'

Am andern Morgen, es war Samstag, Sylvester, fragte Philip: "Möchtest Du ans Meer, nach Pattaya?" Sie wollte und wie sie wollte und eine Stunde später saßen sie in einem klapprigen Gefährt, einem überfüllten Bus, der über kaputte Straßen fuhr, nach gut zwei Stunden hatten sie Pattaya erreicht. Eine Sicht tat sich auf, ein Blick, das grün-blaue Meer, in seiner ganzen Pracht und Herrlichkeit lag es vor ihnen, die Sonnenstrahlen, die warme Luft als ein Boot sie zu einer Insel fuhr. Wunderschön im Golf von Thailand gelegen, ein Traum wie im Märchen. Sie mussten zurück, das alte Jahr wartete, die letzten Stunden neigten sich dem Ende. Auf ihrem Zimmer im Hotel zogen sie sich um und man hatte ihnen erzählt unten im Souterrain ist eine Bar, da kann man und da gibt es, da sitzen die Girls. "Ich möchte", ließ sie Philip wissen, ein Aufzug brachte sie dorthin. Und was sie jetzt sahen, wieder mal verschlug es ihnen, Marie fand keine Worte, hinter einer Glaswand, saßen die Girls, dreißig, vierzig, alle waren mit einer Nummer versehen und nach einigem Hin und Her beschloss sie: "Ich möchte mit dem Girl, welches die Nummer neunundzwanzig hat!" "Vorher müssen wir noch klären, ob die…!" Philip hatte es ihr gesagt und den Boy gefragt, der daraufhin meinte: "No number twentynine, no, for you" und dabei musterte er Marie, "For you, take number fifteen or twelve but before, I have to ask." Nummer zwölf kam, eine süße kleine Thai-Frau, mit einem Blick in den Augen, der traurig war, sie musste, musste sich anbieten, sich prostituieren, für ihre Eltern, für ihren Mann? Und Marie, ihr war's vergangen. Sie wurden in ein kleines Bad geführt, irgendwo im

Keller, in einer Wanne plätscherten sie vor sich hin und ihre Augen, als Philip ihr Geld gab, sie das Geld in den Händen hielt, ihre Augen, jetzt leuchteten sie. Das war das andere Thailand, die Kehrseite der Medaille. Als sie wieder im Bus saßen, der sie wieder nach Bangkok fuhr, zurück in ihr wunderschönes Hotel ließ sie ihren Freund wissen: "Morgen Abend ist unser letzter Abend, ich möchte zum Abschluss unserer schönen Reise noch mal ins kleine schwimmende Restaurant, Hühnchen auf Rosenblätter essen, mit dem Tuk-Tuk fahren, nach Patpong, die Girls an der Stange sehen, Thai-Bier trinken und zum guten Schluss eine Rolex kaufen, ein Kleid, ein Bluse, ein Schal als Andenken, denn bald sind wir wieder in der Heimat!" Als das Taxi vorfuhr, sie sich verabschiedeten, lugten die Fische, die roten, die gelben, die grünen aus dem Wasser, winkten ihnen zu und auch sie hatten eine Träne im Auge. 'One night in Bangkok!'

Boy William

"Du gefällst mir! Komm doch mal, ich hab mein Büro im obersten Stockwerk, ein Zimmer ganz für mich allein, ab eins ist's günstig, ich wart auf Dich." Boy William S. war auf Ted T. getroffen, in der Kantine waren sie sich begegnet, das erste Mal. Die Kantine der Treffpunkt für die, die wollten, der 'Kontakthof' einer großen Bank, der größten in unserem Land. Um die Mittagszeit trafen sie sich, klein und groß, der Angestellte, der Banker, der Vorstandsvorsitzende. Und Boy William S. war schon einer, in jungen Jahren hatte er es geschafft bis zur obersten Etage war er gekommen, Nr. 1027 sein Zimmer, welches er abschloss, wenn einer kam. Will, wie ihn seine Lover nannten, war verheiratet, hatte eine Frau, eine hübsche, und zwei süße Kinder, zwei Jungen. Mit seiner Familie lebte er im Westend der Stadt in Frankfurt, da wo die wohnen, die es sich leisten können und Boy William S. konnte. Er war groß nicht nur von Gestalt, sah gut aus, dunkles Haar, gestylt, beste Designer kleideten ihn, kleideten ihn gut und war allseits beliebt, bei Männern, bei Frauen, in seinen Kreisen. Englisch, französisch sprach er, nicht exzellent, aber so, dass er sich verständigen konnte. Hatte in München, Oxford, an der Sorbonne studiert, Wirtschaftswissenschaft, internationales Recht, das was er für seinen Job brauchte, um ein monatliches Gehalt im mittleren fünfstelligen Bereich zu verdienen. Er konnte es sich leisten, seine schöne Frau, die gerade und mal eben so in der Seitenstraße der Zeil einkaufte, seine Lover, die er sich aussuchte und jetzt war er auf Ted T. getroffen. 'Mal sehen, was der bringt!', sagte er sich. Sein Charakter, nicht schlecht, 'pas mal'. Er kannte sich aus in der Welt der Literatur, die Klassiker waren seins, Baudelaire, Proust, Goethe, Einstein, Shakespear. Mit seiner Frau, einmal im Monat besuchten sie die Oper, 'Carmen' von George Bizet hatte auf dem Spielplan der Alten Frankfurter Oper gestanden, sie hatten sich in Schale geworfen und er hatte Alice ausgeführt, war mit seinem Wagen vorgefahren und sie hatte sich neben ihn gesetzt. Sie liebte ihn, hätte sie es beschreiben sollen, die Worte fehlten, ihr Boy William, ihr Will, ihre große Liebe. Ihr war, jedes Mal, wenn sie ihn wieder sah, wenn er von der Arbeit nach Hause kam, war ihr, als sei's das erste Mal.

Und Boy William, ihm ging's ähnlich. Die Nebenschauplätze, die Seitenspiele, die gab's, die genoss er, aber seine Frau, seine Alicita, die liebte er, liebte er über alles wie seine beiden Söhne und so lange sie nichts wusste, er sie nicht verletzte, 'wem schadet's?', fragte er sich. Er war einer von denen, die machten und taten, die mussten, denn wie sonst hätte er es in so jungen Jahren bis in die oberste Etage geschafft.

Ted T. war gekommen, in der Mittagspause punkt eins wie Will ihm gesagt hatte, war er erschienen. Ein kurzer Gruß, ein gegenseitiges Abchecken und dann ging's auch schon los. Sie waren übereinander hergefallen, hatten's nötig, der eine wie der andere. 'Wer ist Ted T.?', fragte sich Will als er die Tür wieder hinter sich schloss. 'Er kann's, ist geil drauf und sein Schwanz groß genug, ums mir zu besorgen.' Darauf achtete er, aber er hatte es auch schon anders erlebt. Von Größe und Gestalt konnte er nicht immer ausgehen. Und Ted T., er war nicht ganz so sein Typ, aber ihr erstes Mal war nicht schlecht, 'pas mal', sagte er sich. "Bis morgen um eins", hatten sie sich verabschiedet.

Jetzt musste er umschalten, gleich war Vorstandssitzung, einmal im Jahr die große und da musste, wollte und konnte er, da war er gefragt und umschalten, sich von jetzt auf gleich auf einem andern Parkett bewegen, für Boy William S. ein leichtes, das mochte, das liebte er, da drehte er auf, sein Blut in den Adern pulsierte, sein Kopf funktionierte, lief auf Hochtouren, 'Gehirnjogging' wie er es nannte, 'Berichten, Hören, Entscheiden', gleich war's soweit, ein Blick in den Spiegel und ab. Und am Abend seine Alicita, relaxen in seinem Haus, 'my sweet castle' wie er es liebevoll nannte. "Papi, Papi", wenn er den Wagen in die Garage gefahren hatte, seine Söhne ihn begrüßten und Alice ihn zärtlich auf die Wange küsste. Sein Leben, das Leben von Boy William S., es hätte nicht schöner, nicht erfüllter sein können. Und am andern Morgen ging's wieder los. Gepflegt und gestylt, einfach gutaussehend, stieg er in seinen Wagen und fuhr los. Heute war ein Tag wie immer, keine besonderen Termine, keine große Vorstandssitzung wie die von gestern, die er bravourös gemeistert hatte. Er hatte seinen Chef von den Boni der Geschäfte überzeugt und schlussendlich war auch er der Meinung, dass der Break-even-point überwunden war und Boy William, Mr.S., wie sie ihn nannten, entscheidend mitgewirkt und die Sache spruchreif analysiert hatte. Er parkte den Wagen im Parkhaus der Bank und fuhr mit dem Aufzug in die neunundzwanzigste Etage. Auf dem Flur traf er auf den ein oder anderen Kollegen und auf Frau Maranja, Susan Maranja, 'das ist schon eine, die Figur, der Kopf, die hat richtig was drauf', dachte er, 'wenn ich nicht schon eine hätte', aber da war Alice und er war versorgt.

Ted T. war anders, auch er ging jeden Morgen gepflegt und gestylt aus dem Haus, vielleicht nicht gerade so, er wollte und konnte nicht wie Boy William S. Das Taxi wartete bereits und chauffierte auch ihn in die Bank. Auch er nahm den Aufzug, der ihn in die fünfte Etage brachte. Und auch ihm, wenn er gewollt hätte, die Frauen, sie hätten's mit ihm getrieben. Irgendwie war er, er war desorientiert, lief so rum, war mal hier, mal da, die Sekretärin, die wartete schon, die zwei, drei mal in der Woche kam und regelmäßig trafen sie sich nach elf in dem leeren Büroraum. Sie besorgte es ihm, zog ihm die Hose runter und nahm gekonnt seinen Steifen. Dann saß auch schon wieder jeder an seinem Platz. Auch er war verheiratet und seine Frau, die war 'Eine' und wie Boy William gesagt hatte: "Wie ich 'Deine' einschätze, kriegt die das alles raus!" Will, der kluge Kopf. Auf der Straße waren sie sich begegnet, hatten sich angeschaut, lange und intensiv und sie wusste, das ist er, dass ist der Wahnsinnstyp mit dem Ted es treibt. Und Frau Alita Sakowia hatte Ted wissen lassen: "Deine Frau, verdammt gut sieht die aus, mit der würde ich auch gerne mal." Ted hatte gelächelt und war über seine 1,87 m hinausgewachsen. Der Kollege, der Ströbele, mit Namen Berthold, Ted und er hatten schon überlegt, das hier mit der Bank, alles so geregelt und eigentlich, wenn wir uns selbständig machen, Du und ich, wir beiden Cracks, wir schaffen das, wir verdienen dann richtig und viel 'und ich komm von meiner Millionen-Schuld endlich runter, obwohl das Geld hier, auch nicht schlecht!' Eines Tages war's passiert, ab dem Tag waren sie spinnefeind, gingen sich aus dem Weg. Eigentlich kein Problem, Ted arbeitete am Tag, vielleicht vier, fünf, manchmal sechs, sieben Stunden und Ströbele kam dann, wenn die andern gingen. Er war ein Nachtmensch, arbeitete in der Nacht und betrieb am Tag Fitness und Sauna, sein grüner Jaguar brachte ihn überall hin. Über die Frauen hatte er so seine Meinung: "Denen muss man nur genug Geld geben, damit die beschäftigt sind und einkaufen können. Meiner habe ich ein Pferd gekauft, die hat zu tun und dann ist da ja noch meine kleine Tochter, aber schließlich ist es egal, welche man hat. Du Ted hast Glück, wo findet man denn so eine, dann fahr ich da auch mal hin!" Woraufhin Ted meinte: "Der Arsch, der Verdammte."

So war jeder mit sich und seiner Umwelt, den lieben Mitmenschen, den netten Kollegen, den Ehefrauen und den Seitenspielen beschäftigt. Manchmal fragte sich Ted's Frau wie machen die das, die Arbeit im Büro, die fordert, der ewige

Sex, den die da treiben und ihr Ted, wenn sie rief, war er auch schon wieder zu Hause. Das Taxi fuhr vor und ihr Mann war daheim. Zwischen ihnen war tote Hose, wie sollte auch bei dem Konsum am Tag und es kam zu Szenen die an Horrorszenarien erinnern, ein Rosenkrieg folgte auf den andern, dass sie sich nicht gegenseitig umgebracht haben, der Beweis ist da, heute: "Hurra, sie leben noch!"

Ted T., er lief jeden Mittag, um eins fuhr er mit dem Aufzug in die neunundzwanzigste Etage, Boy William S. wartete. Sie bedienten sich keiner Fessel- keiner Knebelspiele, all das brauchten sie nicht, sie waren geil drauf und wenn einer auf den andern stieg oder umgekehrt war's auch schon passiert. Mit Liebe, 'nein, mit Liebe hat das nun überhaupt nichts zu tun' Ted's Frau sagte es sich, langsam, ganz langsam begriff sie. Und auch Boy William S. begriff, dass mit Ted, dass mit dem, 'irgendwas hat der'. Eines Tages sagte er es ihm, sagte es ihm ins Gesicht: "Du bist verrückt, Du bist krank, richtig krank, Deine arme Frau!" The ping-pong didn't work. Von da ab fuhr Ted nicht mehr täglich um eins mit dem Aufzug in die neunundzwanzigste Etage, er lief ab jetzt in die Pizzeria, suchte da und verschwand mit einer auf der Toilette. Es war eine, die 'geworfen' hatte und am andern Tag die nächste, der nächste! Boy William S. beruhigte sich: 'Das mit Ted, das war nicht so, der ist nicht mein Typ und überhaupt, ich hab genug Geld, um mir schöne, interessante Typen zu nehmen, solche die Ausstrahlung, vulgäres Charisma haben, die, die mich richtig anmachen. Was soll's. Bye Ted, see you later, will see you again, sometimes.'

Die Armensiedlung am Rande der Stadt

Die Leys hatten auch Verwandte, auf die sie nicht gerne angesprochen wurden. Wenn sie einer auf die Leute ansprach, sagte Mutter Ley stets: "Die kennen wir, aber wir haben keinen Kontakt mit denen und verwandt sind die mit uns auch nicht, um so ein paar Ecken, verstehen Sie." Es waren die, die keinen Namen hatten, die Nonames, und die Frau Ley irgendwie nannte, wie wusste sie nicht so genau. Das Chaos in der Familie, die ungeordneten Verhältnisse, die Schulden, die sie hatten, sie lebten in einer andern Welt. Und auch der Arzt, wenn er mal gerufen wurde, so hieß es: "Wenn der dahin geht, ohne Pistole geht der da nicht hin!" Wenn Freitagabend war, die Männer, meist Tagelöhner, sie ihren Lohn erhalten hatten, angetrunken vor den ramponierten Türen standen, Sätze vor sich hinlallten, von Leuten, 'denen es besser geht', den Reichen. Und für sie war jeder reich, der nicht in der Armut und in dem Elend lebte wie sie. Die Frauen, die daneben standen, im Kittel, in Sandalen, ihre langen Fußnägel, fett aufgeschwemmt, manche mit dicken Bäuchen schwanger und das Elend, 'es wird kein Ende nehmen!' Die Kinder, die spät abends sich bemerkbar machten, die riefen, es hörte und verstand sie keiner. Freitags, wenn die Männer Geld bekamen, ein kleiner Hoffnungsschimmer sich zeigte, der zwei Tage später bereits erloschen war. Zwei Tage?, meist noch am gleichen Abend war alles vorbei, die düsteren Wolken der Resignation hatten die Siedlung wieder verdunkelt. In dieser Armut, dieser Erbärmlichkeit lebte die schöne Rosita. Sie war von einem, ihre Mutter erinnerte sich, eines Tages war ein Fremder gekommen, in der alten Kaschemme an der Ecke hatte sie gesessen, auf etwas gewartet, das doch nicht kam und dann war die Tür aufgegangen und er war erschienen. Ein Mannsbild von Größe und Statur, sein dunkles Haar, sein feuriger Blick, um sie, um sie war's geschehen. Und sie?, damals war sie noch jung, gut anzuschauen, eine Frau, wenn sie die Möglichkeit gehabt hätte, aus ihr wäre was geworden, aber wer hier lebte, der kam hier nicht raus, das 'Elend', in großen Lettern stand's über der Siedlung. Sie hatte sich damit abgefunden und wenn sie so nachdachte, sie hatte nie an etwas anderes gedacht, an ein besseres Leben, hier war sie geboren, hier würde sie sterben, eines Tages.

Der Fremde, der gekommen war, der aus einem Land kam, irgendwo, sie hatte den Namen mal gehört, aber wo das genau war, wusste sie nicht. Er hatte sich zu ihr gesetzt, sie zu Bier und Schnaps eingeladen, sie waren ins Gespräch gekommen, aber wenn sie sich erinnerte, es war kein Gespräch gewesen, allzu schnell war's passiert. Sie war mit ihm auf der Toilette verschwunden, der Ort hier und jeder wusste, das war er, da liefen sie alle hin, wenn die eine mit dem andern oder der andere mit der einen. Und dann war er auch schon wieder verschwunden, der Fremde, und zurück blieb sie. Zum Abschied hatte er ihr einen kleinen Ring in die Hand gedrückt, einer mit einem roten Stein, nichts besonderes. Lange Zeit hatte sie den an einer Kette um den Hals getragen, an ihn gedacht und in der Kneipe gesessen und darauf gewartet, dass die Tür wieder aufgeht und er würde kommen. Nichts geschah. Sie hatte nicht nur auf ihn gewartet, einen Monat später, nichts tat sich und im zweiten Monat dämmerte es ihr, es ist passiert, ich bin schwanger. Sie ging nicht zum Arzt, um sich zu vergewissern, das Geld war nicht da und versichert?, 'wer ist hier schon versichert', fragte sie sich. 'Die Natur regelt es', sagte sie und sie regelte es, ihr Bauch, der wuchs und wuchs und ihre Brüste, bald würde es soweit sein. Die Nachbarin von nebenan hatte es bemerkt, bei der war selber ein Brot im Ofen und die hatte nur gesagt: "Ach bei Dir auch!" Hier in der Siedlung passierte es zu oft, viel zu oft, die Frauen, wenn sie geboren hatten, war's auch schon wieder passiert und die Männer, wenn sie nicht wollten, nahmen sie sie, brutal nahmen sie sie mit Gewalt und oft mit Schlägen. Aber das kannten sie ja, das waren sie gewohnt, sie hatten sich schon lange in ihr

Schicksal ergeben und irgendwie, wenn sie so überlegte, 'es macht doch auch Spaß'. An die Kinder, an die dachte keiner und das Elend, es nahm kein Ende und ein Entrinnen, 'wer denkt hier schon an weglaufen?' Eines Tages war es denn soweit, die Wehen hatten eingesetzt, die Nachbarin war gekommen, eine Schüssel heißes Wasser, ein sauberes Handtuch und sie hatten sich geholfen, gegenseitig, so wie das hier gemacht wird, und unter Schmerzen, sie hatte geweint und geschrien: "Der Fremde, der Arsch, der Verdammte", hatte sie ein kleines Mädchen geboren, welches jetzt in ihren Armen lag und sie mit wunderschönen dunklen Augen anlächelte. Ihr Juwel, ihr Hoffnungsschimmer. In dem Moment hatte sie sich geschworen, 'für dich will ich leben, alles werde ich tun, für dich!' In der kleinen armseligen Kapelle hatte sie es taufen lassen, der Pfarrer der Gemeinde, der dann kam, wenn geboren und beerdigt wurde, und alle waren sie gekommen, so wie sie waren, hatten sie da gestanden, den Worten des Pfarrers gelauscht und zum Abschluss gesungen: 'Großer Gott wir loben Dich!' Für einen Moment war es, als würde die Siedlung, als würde es werden, doch dann, als sie die Kapelle verließen, war alles wie immer. Und sie hatte ihr kleines Etwas in einen Korb gelegt, einen Wäschekorb, es geküsst und gestreichelt und leise gesagt: "Meine süße Rosita, Du bist mein Schatz!"

Eines Tages saß sie wieder in der alten Kneipe, in der an der Ecke, sie hatte Rosita mitgenommen im Wäschekorb, der neben ihr auf dem Stuhl stand, früher Nachmittag war's , ein Bier hatte sie sich bestellt als die Tür aufging. Ein Mann war gekommen, einer, den sie nicht kannte. 'Wieder ein Fremder', dachte sie 'aber nicht der, auf den ich warte'. "Heiße Alfred", stellte er sich vor und ich, sie nannte ihren Namen und "wie heißt der im Wäschekorb?", fragte der Mann, "das ist kein der, das ist eine die und die heißt Rosita." "Aha", sagte der Fremde und dann war Stille. Mit leeren Augen blickten sie vor sich hin, die Sonne schien durch die verschmierten Fenster, aus der alten Musikbox dudelte ein Lied, irgendwie und auch, so schien es, auch der Mann, er war heimatlos. Sie merkte wie er sie immer wieder von der Seite anblickte, in seinem Kopf bewegte es sich als es losging: "Hast Du einen Mann?", fragte er. "Nein", war die Antwort "und von wem ist der?", er zeigte auf den Wäschekorb. "Weiß nicht", antwortete sie. Der Mann, er war nicht sonderlich verwundert, er schien das zu kennen, er kannte sich aus in der Welt des Elends, in der Kinder geboren wurden, von einem, von irgendeinem. Sie blickten wieder vor sich hin, irgendwohin, ins Leere, als er sagte: "Dann nimm doch mich," "Wie?", fragte sie. "Ja, mich!" "Wozu?", sie hatte bereits verstanden: "Wie wär's? Ab jetzt bin ich Dein Mann und wenn Du willst, kann ich auch" und er zeigte wieder auf den Wäschekorb "für den da". "Weiß nicht", sagte sie wieder. Jetzt schaute sie ihn an, ihr Blick schweifte, von oben nach unten, 'eigentlich', dachte sie, 'eigentlich, nicht so schlecht wie er aussieht, könnte...' Könnte, das war's ja, es könnte immer, nur tun tat sich nichts. "Überleg's Dir." "Und Geld?", fragte sie. "Geld?", sagte er, "da komm ich dran, da bin ich noch immer drangekommen. Da kenn ich mich aus. Du hast ne Bude und ich mach das mit dem Geld." "Weiß nicht". Er bestellte ein weiteres Bier und für sich einen Schnaps, den zweiten, den dritten? Sie hatte nicht gezählt und Rosita lag friedlich in ihrem Körbchen und lächelte vor sich hin. Die Stunden waren vergangen, die Kneipe hatte sich gefüllt, der ein und andere stand am Tresen als sie aufstand, ihren Wäschekorb nahm und sagte: "Ich muss." "Wegen dem?, wart, ich komm mit!" Sie hatte mit ihrem Wäschekörbchen die Kneipe verlassen und er hatte sich drangehängt und lief mit, sie liefen daher so, als wären sie immer so gelaufen.

Sie liefen durch die Haustür, die ohne Glas, der Nachbar, er hatte eines Nachts als er aus der Kneipe nach Haus gekommen war, besoffen, als die Trude nicht sofort geöffnet hatte, hatte er gegen die Tür geschlagen und dabei die Scheibe getroffen und seitdem, 'Ja, ja', das Geld, dachte sie wieder, wenn doch davon, nicht viel, aber doch wenigstens ein bisschen. "Nett", sagte Alfred, "ganz nett ist's bei Dir." Er schaute sich um, "Schön da in der Ecke, da schläft der." "Jetzt reicht's", brach es aus ihr heraus, "wie oft soll ich's Dir denn noch sagen, das ist kein der, das ist eine die und die heißt Rosita." "Hab schon verstanden, sei doch nicht so." Sie setzte sich auf einen Stuhl, schob ihren roten Pullover hoch, ihm verschlug's die Sprache, legte Rosita an und eine Brust war zu sehen, dick und prall gefüllt, und bei ihm tat sich was. Sie hatte Rosita frisch gemacht, wieder in ihre Körbchen gelegt als er sie nahm, sie in die Kammer nebenan schleifte, sie auf die Couch warf und sich auf sie legte, in sie eindrang, hemmungslos, sich dann umdrehte, einschlief und vor sich hin schnarchte. Und sie, sie lag da, mit offenen Augen, starrte sie ins Dunkel und verließ leise den Raum, um zu Rosita zu gehen, ihrem süßen Schatz, ihrem Juwel. 'Eines Tages, eines Tages, es wird', dachte sie als auch ihr die Augen zufielen.

Am andern Morgen in der Früh, gegen sechs, war er aufgestanden und verschwunden. "Bis nachher", hatte er gemurmelt und war grußlos aus der Tür. Und sie, sie lag da, blickte gegen die Decke und dachte: 'So sind sie, die Mannsleut, sie war's gewohnt, sie kannte es nicht besser und besonders hier ist's so, hier in der Siedlung. Jetzt schaute sie in die Ecke, sah das Wäschekörbchen und hörte Rosita, die friedlich vor sich hin brabbelte. Ihr Glück, ihr kleines Glück, das war ihr's, ihr ganz alleine, das würde ihr keiner nehmen und eines Tages, 'der Tag wird kommen', dachte sie, an dem sich alles ändert. Abends stand er wieder da, in der Tür, Alfred, lachte sie an, kramte in seiner Hose und holte Scheine heraus, ein- zweihundert und sie, lächelte, ging auf ihn zu, drückte ihm einen Kuss auf die Backe, die unrasiert, ungewaschen war und roch, er hatte getrunken. Sie stellte Brot auf den Tisch, Käse, füllte ein Glas mit Wasser, eins aus der Leitung und wieder: 'Das Geld, das liebe Geld', als er ihr hundert in die Hand drückte und sie in die Kammer schleifte und das Gleiche passierte wie am Abend vorher, dann wandte er sich von ihr ab, drehte sich um und schlief ein. Morgen wollte sie einkaufen, er hatte ihr gegeben, für hundert konnte sie das und das und das. Und vor allem, 'Rosita, braucht einen Schnuller', sie wusste es doch, eines Tages, 'der Tag wird kommen', sagte sie wieder. Sie hatte sich angezogen, trug ein schönes Kleid, nahm ihr Wäschekörbchen und lief zum Laden, einkaufen, da wo sie alle einkauften, die aus der Siedlung, wo es das gab für die, die nicht viel hatten, aber den Schnuller, den gab's hier.

Rosita wuchs und langsam entwickelte sie sich zu einem hübschen Mädchen, das hatte auch Alfred bemerkt. Die dunklen Locken, die braunen Augen, ihr Teint, das hübsche Gesichtchen wie sie sich bewegte, schon früh hatte sie verstanden, intuitiv hatte sie gemerkt und besaß die Intelligenz, die Kinder haben, die in Verhältnissen leben, wo's um leben und überleben geht. In jungen Jahren entwickelte sie ein besonderes, ein verantwortungsbewusstes Gefühl für ihre vom Leben nicht verwöhnte Mutter. 'Auf die muss ich aufpassen' so muss sie gedacht haben. Und Alfred, der kam und ging wie er wollte, brachte, brachte mal nicht, wie's so lief mit seinen 'Geschäften', wie er sie nannte und was er genau machte, wusste keiner. 'Irgendwas', dachte sie 'macht der, nichts Ordentliches, nichts Seriöses', aber das Geld, ab und an lag es auf dem Tisch. Eines Tages hatte Alfred am Tisch gesessen, ein Flasche Bier, die wievielte?, hatte vor ihm gestanden, Rosita war auch da, hatte an ihrem Malbuch gearbeitet mit wunderschönen bunten Stiften, die ihr die Mutter gekauft hatte, als er unwirsch ihr kleines Werk zu Seite schob, sie am Arm packte, seine Augen, die gierig, schon wollüstig sie anschauten und er sagte: "Damit Du es weißt, ich bin Dein Vater und Du tust, was ich Dir sage, Du gehorchst mir und das" und jetzt schob er nicht nur das Malbuch weg auch die Stifte, die auf den Boden fielen, "das alles hier, das hab ich gekauft, denn Deine Mutter, die alte Schlampe…". Rosita weinte jetzt, dicke Tränen kullerten aus ihren Augen: "Nein, nein, meine Mami ist lieb, Du bist böse", antwortete sie als er das Kind nehmen wollte und sie sich dazwischen stellte. "Wag es, wag es nur nicht das Kind anzufassen, ich bring Dich um!" Sie hatte beobachtet mit wachsamen Augen, war aus der Ecke gekommen und stand jetzt vor ihm, als er ausholte und sie mit seiner großen Hand vom Tisch fegte und sie auf die Erde fiel und jetzt da lag und leise vor sich hin jammerte: "Ich wusste es doch, auch der, auch der ist ein Schwein!" Und Alfred, er war aus der Tür, ab in die Kneipe, in die an der Ecke. Irgendwann in der Nacht kam er zurück, schleifte sie wieder in die Kammer, fiel über sie her, wie immer, sie war's gewohnt. 'Eines Tages', dachte sie, 'eines Tages, der Tag wird kommen, an dem sich alles ändert.'

Rosita hatte die Schule beendet, sie hatte es geschafft, konnte lesen und schreiben nicht wie die Mutter, die Jahre geübt hatte, die jetzt wunderschön ihre Unterschrift schrieb 'Lise Berg' konnte sie schreiben, aber sie wusste auch, das sie nicht alles und jedes unterschreiben durfte, das hatte man ihr gesagt, eine Unterschrift ist wie, ähnlich einem Dokument. Aber jetzt konnte Rosita, die schrieb jetzt für die Mutter und auch die Blätter, die vor der verwahrlosten Tür lagen, die bekamen einen Sinn, die holte Rosita rein und las vor. Abende verbrachten sie so am Tisch, der Brotkorb stand vor ihnen, Käse und das Wasser aus der Leitung und Rosita las. "Heute im Angebot", sie las von 'Wein, Schinken und anderen Delikatessen', die sowieso für sie, das alles kam nicht in Frage, konnten sie nicht kaufen. Aber, Mutter und Tochter, ihr Idyll in der armseligen Hütte, eine Wärme und Liebe zwischen den beiden, die, wo sollten sie suchen, in den reichen Häusern, da war sie auch nicht immer zu finden. Wäre nicht Alfred gewesen, der jeden Abend erschien und die Mutter schon gedacht hatte, 'wenn er doch nur eine Andere finden würde, alles wäre wunderschön, meine Rosita und ich', aber sie musste auch an das Geld denken und so nahm das Schicksal seinen Lauf.

'Eines Tages', dachte sie wieder, 'es wird sich ändern'. Rosita hatte es geschafft, sie hatte eine Arbeit in der Stadt gefunden, bei Leuten, denen es besser ging, da fuhr sie täglich hin, half und machte, ging einkaufen, lernte kochen, den Haushalt besorgen und entwickelte sich zu einer tüchtigen Kraft, sie war anständig, ordentlich, konnte es und die Leute sahen sie gern. Am Ende des Monats bekam sie ihr Gehalt, ein kleines Geld, allemal mehr als das was die Mutter gewohnt war, legte es auf den Tisch und sagte: "Für Dich Mami, für uns!" Und, die Mutter hatte es doch gewusst, eines Tages, der Tag war gekommen und tatsächlich es ging bergauf. Auch Alfred hatte es bemerkt und argwöhnisch geguckt, saß mit Rosita abends am Tisch als es über ihn kam: "Sei ein bisschen lieb zu Deinem Pa", hatte er gesagt, sie solle sich zu ihm setzen auf seinen Schoß, ein bisschen nett zu ihm sein. Es war zu einem

132

Gerangel gekommen, es ging hin und her als er immer und immer fester zog, an Rosita, an ihrem Kleid, einem billigen, aber schönen, Fummel, und plötzlich, der Stoff hing in Fetzen, hing an ihrem Körper und eine Figur, war zu sehen, ihre Brüste, ihr Schoß, vollendet und traumhaft und Alfred war gierig, wollte, wollte unbedingt als es zuviel wurde, die Sache außer Kontrolle geriet und Rosita das Messer nahm, welches auf dem Küchenschrank lag und auf ihn einstach und ihn abschlachtete wie ein mieses, dreckiges Schwein, hatte sie immer wieder auf ihn eingestochen, und er langsam, ganz langsam verblutete. Die Mutter, die mit weit geöffneten Augen in der Ecke stand, die alles mit angesehen hatte, kam und schrie: "Rosita, was machst Du da?, was hast Du gemacht?" Und dann, alles ging, ging blitzschnell, die Polizei erschien, nahm Rosita mit in ihrem blutverschmierten Kleid, Alfred's Blut, und Wochen später kam's zur Gerichtsverhandlung und ein Urteil wurde gesprochen, welches human, menschengerecht war: "Ein paar Jahre, eine Jugendstrafe für eine Minderjährige!", hatte Rosita abzusitzen. Sie entwickelte sich weiter in der Haftanstalt, lernte, machte das Beste aus ihrer Situation, denn eines Tages, ihre Mutter hatte es immer gewusst; 'Der Tag wird kommen und er kam!' Jahre später als Rosita aus dem Gefängnis entlassen wurde, sie wieder eine Anstellung erhielt, zogen sie aus der Siedlung, dem Reich der Armen, Rosita und ihre Mutter. Und in der Siedlung sprach man noch Jahre, Jahrzehnte über die Schreckenstat und über die, die es trotz allem geschafft hatten!

Herr und Frau Ley

Sie waren anständige Leute, Leute, die es wussten und konnten, die ihre Marie anständig und gut erzogen hatten und die so lebten, dass man den 'Hut' vor ihnen zog. Ein schönes Einfamilienhaus war ihr eigen, ein Heim, welches sich sehen lassen konnte. Haus, Hof und Garten alles in bester Ordnung und Schulden wie die auf der Sparkasse, das hatten sie mal gehört, aber die gab's bei den Leys nicht. Herr Ley hatten seinen Job bei einer städtischen Behörde und Frau Ley, die nähte für die Familie und für die Nachbarn. Ihre Feste waren die Highlights, die Geburtstage, die Namenstage, Weihnachten und Ostern, das waren die Tage, wenn die unendlich vielen Bekannten und Verwandten erschienen, die Kinder hatten wie 'Deine, Meine und Unsere' und einmal im Jahr war Urlaub angesagt. Das Ziel ihrer Wahl war Bayern, die Berge, die wunderschönen Seen, die Schlösser des Ludwigs und die unendlich vielen Klöster und Kirchen, die Frau Ley aufsuchte, denn sie war eine fromme Frau, eine sehr fromme. Und Herr Ley und Marie, sie liefen mit und Marie bewunderte die Kunstwerke, die bunten Gemälde, die großen Kreuze, die Heiligenfiguren, die gen Himmel schielten und die in den barocken Kirchen zu finden sind. Der mit der weißen Blume in der Hand das war der, der für alle Fälle, "wenn Du was suchst, mein liebes Kind", sagte Mutter Ley stets, "ist das der Heilige, der Ansprechpartner vor dem Herrn, der für Dich bittet." 'Irgendwie', dachte Marie, 'da ist was dran'. Sie hatte schon oft in ihrem jungen Leben gesucht nach Dingen, die in ihrer kreativen Unordnung abhanden gekommen waren und dann gerufen 'Nun hilf doch endlich!' Und dann beim zweiten oder dritten Mal, wenn's sich nicht finden lassen wollte, hatte sie in einem strengeren Ton gerufen: "Haste mich nicht gehört, ich sag's jetzt noch mal, Du sollst mir endlich helfen." Und tatsächlich, der Heilige hatte geholfen. "Haus und Hof verliert nichts", ein weiterer Spruch von Frau Ley. 'Vielleicht liegt's auch daran', sagte sie sich. Die bayerischen Friedhöfe, die hatten es ihr angetan, die Namen Hermine Giggenbichler, Rosa Slawenska, das

134

Bäckermeistergesellenpaar Friede und Josel Huber wie die Fotos der Verblichenen. 'Nicht schlecht', dachte Marie, 'müsste es bei uns auch geben, so weiß jeder wie sie zu Lebzeiten ausgesehen haben, und die hier, die mit dem Hut und dem Schmollmund, die Rosa Slawenska, die kam aus der Tschechei, das war ne ganz Flotte, hinter der waren sicher alle her, ein richtiger Feger, die hat's ganze Dorf durcheinander gewirbelt, von der spricht man heute noch!' Gegen Mittag, wenn die Glocken vom Kirchturm läuteten, der Magen knurrte, besuchten sie vor Ort und wo sie gerade waren, einen Gasthof. Herr Ley aß Schweinshaxe mit Kraut, Frau Ley das Menue des Tages und Marie ihre Nudeln. Alles hatte seine Ordnung und Familie Ley lief daher, gut gekleidet und genährt. "Eine intakte Familie, nette und ordentliche Leute, die Leys", wie so manch einer meinte.

Das Thema Sex, Marie hatte im zarten Alter von zehn, elf mal davon gehört, sich mit ihren Freundinnen besprochen, die eine hatte gemeint: "Bei dem Mann ist das so, der hat da oben drauf so kleine Perlchen und da geht immer eins von ab und dann bei der Frau rein", jetzt wusste sie es, denn das mit den Bienchen und Blümchen glaubte, wie die Lehrerin erzählt hatte, glaubte eh keine und Frau Ley hatte eines Tages gemeint: "Marie, heute muss ich mit Dir was besprechen, die Zeit ist gekommen, ich muss und dabei stotterte sie ein wenig, ich, ich muss Dich aufklären!" "Laß das mal", hatte sie geantwortet, "ich weiß Bescheid!" Und so war auch das geklärt. 'Ob die Eltern auch?', fragte sie sich. 'Sicher nicht', dachte sie und wenn, 'Dann eher selten.' Denn so wie Frau Ley daherlief, die runde Figur, gut gekleidet, aber eher bieder und konservativ und das Mieder oder Korsett oder was auch immer, Marie wusste es nicht wie sie die großen Wäschestücke, die auf der Leine hingen, bezeichnen sollte, die wie sie die Mutter wissen ließ: "Sie machen eine gute Figur, rücken alles zurecht!" 'Für mich kommt so was später nicht in Frage, lieber dünn als dicke Mieder!' Und so sprach das dicke Mieder mit den Stäben auf der Wäscheleine im Garten: "Herr und Frau Ley, no Sex!" Als sie die Mutter eines Tages wissen ließ: "Mit dem Papi ist es immer so schön, abends wenn Du schläfst, unter der Bettdecke, wenn wir das Licht ausgeknipst haben!" 'Also doch', dachte sich Marie, 'die treiben's wohl!' Hausfrauensex ist das, das sind die, wenn sich Marie dachte: 'Da geht nun wirklich keiner mehr dran, da vergeht's einem doch, wer macht denn so was, dicker Arsch, dicker Bauch, fette Titten und eine Möse, das Gesicht! Mir wird schlecht. Hör auf', sagte sie sich. 'Aber, 'Du musst der Sache ins Auge blicken, die Realität sehen', und in späteren Jahren ließ sie einer wissen: "Marie, auf dem Gebiet gibt es nichts was es nicht gibt, da ist alles möglich!" 'Was ist alles?', fragte sie sich, die Zeit ließ sie wissen. Sachen offenbaren sich, über die sie gelesen und gehört hatte, jeder mit jedem, alle mit allem und jedem und wie sie selbst einmal im Monat beichtete: "Ich habe unkeusch gedacht und gehandelt!" Der Pfarrer fragte dann: "Allein oder mit andern?" Sie antwortete: "Allein und mit andern, mit Jungen und Mädchen!" "Zur Buße betest Du: 'Drei gegrüsset seist du Maria und ein Vater Unser!' " 'Und ich werde es nun ganz bestimmt nicht wieder tun!', mit diesem Vorsatz verließ sie jedes Mal die Kirche.

Herr und Frau Ley, in jungen Jahren waren sie sich begegnet, aus erster zarter Begegnung war eine Liebe geworden, die die Jahre und Jahrzehnte überdauerte. Echte, tiefe Gefühle hegten sie für einander und an Trennung, an eine Scheidung, hatten sie nie gedacht. Durch dick und dünn waren sie gegangen, hatten alles miteinander geteilt, Freud und Leid, den Krieg hatten sie überstanden. Frau Ley hatte auf ihren Mann gewartet und als er zurückkam mit nur einem Arm, den andern hatte er verloren! Der Krieg, unendlich Schlimmes richtete er an, aber ihr Hans war ihr Mann. Sie hatten es geschafft und wie der Pfarrer am Traualtar einst gesagt hatte: "Bis dass der Tod Euch scheidet!" So hatten sie gelebt. Eine echte, eine wahre, eine große Liebe! Herr und Frau Ley. Die Eltern Marie's.

www.ingramcontent.com/pod-product-compliance
Lightning Source LLC
Chambersburg PA
CBHW070146290526
45789CB00002B/646